中国南方电网
CHINA SOUTHERN POWER GRID

南方电网能源发展研究院

大湾区电力发展报告

（2022年）

南方电网能源发展研究院有限责任公司　编著

中国电力出版社
CHINA ELECTRIC POWER PRESS

图书在版编目（CIP）数据

大湾区电力发展报告.2022年/南方电网能源发展研究院有限责任公司编著.—北京：中国电力出版社，2023.5

ISBN 978 - 7 - 5198 - 7881 - 8

Ⅰ.①大… Ⅱ.①南… Ⅲ.①电力工业－工业发展－研究报告－广东、香港、澳门－2022 Ⅳ.①F426.61

中国国家版本馆 CIP 数据核字（2023）第 096308 号

出版发行：中国电力出版社
地　　址：北京市东城区北京站西街 19 号（邮政编码 100005）
网　　址：http://www.cepp.sgcc.com.cn
责任编辑：岳　璐（010-63412339）
责任校对：黄　蓓　郝军燕
装帧设计：张俊霞
责任印制：石　雷

印　　刷：北京华联印刷有限公司
版　　次：2023 年 5 月第一版
印　　次：2023 年 5 月北京第一次印刷
开　　本：787 毫米×1092 毫米　16 开本
印　　张：6.5
字　　数：90 千字
印　　数：001—800 册
定　　价：48.00 元

　　在积极稳妥推进碳达峰、碳中和的背景下，我国能源电力行业在加快规划建设新型能源体系、逐步构建新能源占比逐渐提高的新型电力系统的方向上奋力前行。 南方电网能源发展研究院以习近平新时代社会主义思想为指导，在南方电网公司党组的正确领导下，立足具有行业影响力的世界一流能源智库，服务国家能源战略、能源电力行业、经济社会发展的行业智囊定位，围绕能源清洁低碳转型、新型电力系统建设以及企业创新发展等焦点议题，深入开展战略性、基础性、应用性研究，形成一批高质量研究成果，以年度系列专题研究报告形式集结成册，希望为党和政府科学决策、行业变革发展、相关人员研究提供智慧和力量。

　　2019 年，中共中央、国务院正式印发《粤港澳大湾区发展规划纲要》，标志着粤港澳大湾区建设迈入新阶段。 2021 年，为贯彻落实国家"高质量建设粤港澳大湾区"及构建新型电力系统的重要战略部署，服务国家"双碳"目标实现，南方电网公司分层分类建设新型电力系统示范区。 其中，粤港澳大湾区新型电力系统先行示范区的建设为电力发展注入绿色新动能。2021 年粤港澳大湾区经济呈现显著复苏态势，地区生产总值（GDP）达12. 6 万亿元，同比增长 7. 7%；全社会用电量 6201 亿 kWh，同比增长 11. 8%。

　　作为年度系列专题研究报告之一，《大湾区电力发展报告（2022 年）》

在分析 2021 年粤港澳大湾区经济、社会、能源发展现状基础上，梳理了粤港澳大湾区政策环境、电力供需、电网建设、电力市场等方面的发展现状，分析总结了 2021 年粤港澳大湾区新型电力系统建设成效及发展热点。

本报告在编写过程中，得到了南方电网公司战略规划部、市场营销部、计划与财务部等部门的悉心指导，广东电网公司电网规划研究中心参与部分章节的编写，在此表示最诚挚的谢意！

鉴于水平有限，报告难免有疏漏及不足之处，敬请批评指正！

编　者

2022 年 9 月

目　录
CONTENTS

前言

第 1 章

粤港澳大湾区经济能源发展现状

创新引领
智力共享

1.1 经济社会发展现状

粤港澳大湾区指由香港特别行政区、澳门特别行政区（以下分别简称"香港""澳门"）和广东省的广州、深圳、珠海、佛山、中山、东莞、肇庆、江门、惠州九市（以下简称"珠三角九市"❶）组成的城市群，总面积达 5.6 万 km^2。2021 年，粤港澳大湾区国内生产总值（GDP）为 12.6 万亿元，与加拿大、韩国相当。粤港澳大湾区正向继美国纽约湾区、旧金山湾区和日本东京湾区之后第四个世界级湾区迈进。

1.1.1 人口概况

粤港澳大湾区常住人口稳步增长，广州、深圳合计占比超 40%。2021 年粤港澳大湾区常住人口 8669.2 万人，同比增长 0.4%，常住人口总体保持平稳增长态势。

分城市看，2021 年，广州、深圳和东莞常住人口均超过 1000 万人，分别为 1881.1 万、1768.2 万人和 1053.7 万人，占粤港澳大湾区常住人口的比重分别为 21.7%、20.4% 和 12.2%，合计占比 54.2%；佛山、香港和惠州常住人口在 500 万～1000 万人之间，合计占比 26.6%；江门、中山、肇庆、珠海、澳门 5 市的常住人口均未超过 500 万人。**从新增人口看**，2021年，粤港澳大湾区常住人口比 2010 年新增 2287 万人。其中，深圳、广州为新增人口最多的城市，相比 2010 年新增人口均达 600 万人以上。**从年均增速看**，2010—2021 年，深圳、珠海、广州和中山的人口年均增速均高于粤港澳大湾区年均增速（2.8%），分别为 4.9%、4.2%、3.6% 和 3.3%；除香港、江门和肇庆人口的年均增速不足 1% 以外，其余四市年均增速在 2.2%～2.5% 之间。

---

❶ 为便于表述，"珠三角九市"在本报告中也以"珠三角地区"或"珠三角"表示。

2021 年粤港澳大湾区各城市常住人口数及相比 2010 年年均增速如图 1-1 所示，2021 年粤港澳大湾区各城市常住人口占比分布如图 1-2 所示。

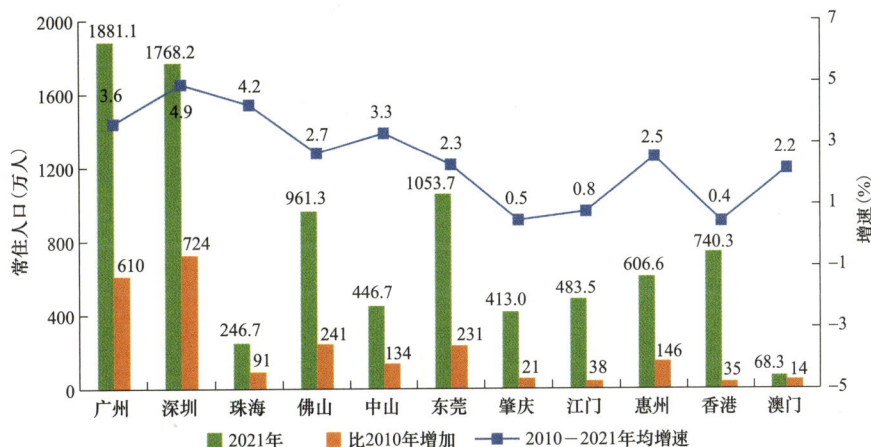

图 1-1　2021 年粤港澳大湾区各城市常住人口总数及相比 2010 年年均增速

数据来源：珠三角九市统计局；香港政府统计处；澳门统计暨普查局

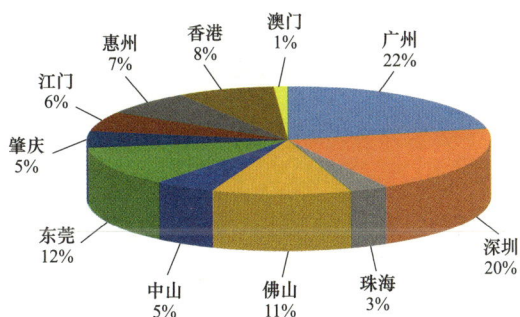

图 1-2　2021 年粤港澳大湾区各城市常住人口数占比分布

数据来源：珠三角九市统计局；香港政府统计处；澳门统计暨普查局

1.1.2　国内生产总值[1]

(1) 粤港澳大湾区经济复苏的脚步加快。 2021 年，粤港澳大湾区 GDP 为 12.6 万亿元，折合美元为 1.95 万亿美元[2]，实际增长 7.7%。其中，珠

---

[1] 本节各项 GDP 指标的绝对数采用现价，增速采用可比价。

[2] 按 2021 年平均汇率 1 美元＝6.4515 元人民币计算，下同。

三角地区 GDP 总量首次迈上 10 万亿新台阶，达到了 10.06 万亿元，同比增长 7.8％，占粤港澳大湾区 GDP 的比重约为 80％，占全国 GDP 的比重约为 8.8％。2011 年以来粤港澳大湾区 GDP 增速总体平稳，除 2020 年因疫情影响呈负增长外，每年保持在 4％以上较快增长水平。2010—2021 年粤港澳大湾区 GDP 及增速如图 1-3 所示。

图 1-3 2010—2021 年粤港澳大湾区 GDP 及增速

数据来源：珠三角九市统计局；香港政府统计处；澳门统计暨普查局

（2）粤港澳大湾区核心城市经济引领作用持续增强。以 2 万亿元和 1 万亿元作为 2021 年地区生产总值分界线，粤港澳大湾区各城市大致可以分为三个梯队。**第一梯队包括深圳、香港、广州。**深圳 GDP 为 3.07 万亿元，占比 24.3％，居粤港澳大湾区之首，广州、香港 GDP 分别为 2.82 万亿、2.37 万亿元，占粤港澳大湾区 GDP 的比重分别为 22.4％、18.8％，合计占比超过 65％。**第二梯队包括佛山和东莞。**两座城市 GDP 分别为 1.22 万亿、1.09 万亿元，占粤港澳大湾区 GDP 的比重分别为 9.6％、8.6％。前两个梯队合计占粤港澳大湾区 GDP 的比重约为 84％。**第三梯队包括惠州、珠海、江门、中山、肇庆、澳门。**6 城市的 GDP 均未超过 0.5 万亿元，占粤港澳大湾区 GDP 的比重均在 5％以下，合计占比约 16％。2021 年粤港澳大湾区各城市 GDP 占比如图 1-4 所示。

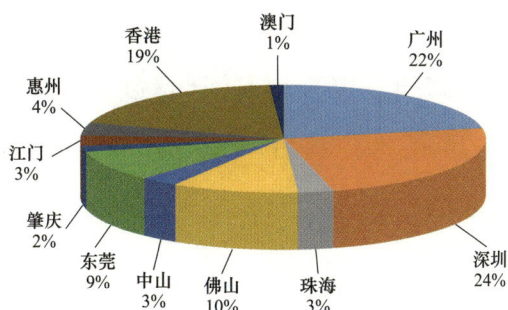

图 1-4　2021 年粤港澳大湾区各城市 GDP 占比

数据来源：珠三角九市统计局；香港政府统计处；澳门统计暨普查局

(3) 各城市 GDP 增速稳步增长。从经济增速方面来看，受益于整体需求回升，澳门 2021 年经济与 2020 年相比有所改善，以 18% 的 GDP 增速领跑粤港澳大湾区。其后，肇庆以 10.5% 的 GDP 增速位列第二，惠州以 10.1% 的 GDP 增速位列第三；江门、佛山、中山、东莞、广州等 4 个城市增速在 8% 左右；珠海、深圳、香港增速相对较低，GDP 增速分别为 6.9%、6.7%、6.4%。

2021 年粤港澳大湾区各城市 GDP 及同比增速如图 1-5 所示。

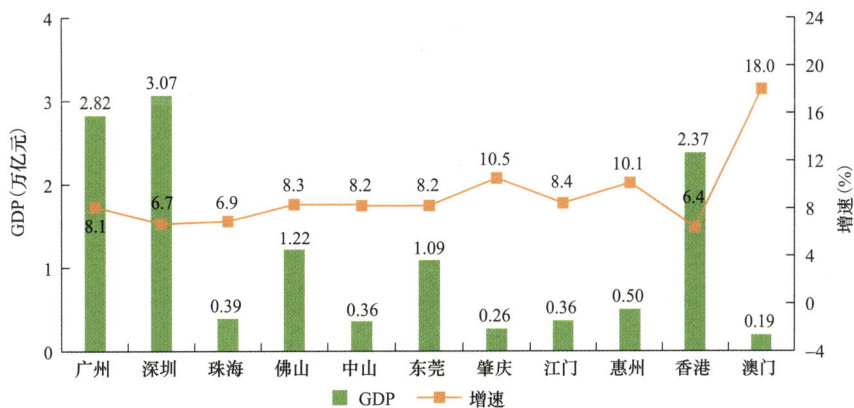

图 1-5　2021 年粤港澳大湾区各城市 GDP 及同比增速

数据来源：珠三角九市统计局；香港政府统计处；澳门统计暨普查局

(4) 粤港澳大湾区人均 GDP 稳步增长。**珠三角九市人均 GDP 与港澳差距明显**。2021 年，粤港澳大湾区人均 GDP 为 14.56 万元/人，折合美元为 2.26 万美元/人。**分地区看**，2021 年，香港、澳门人均 GDP 分别为 32.1

5

万、28.5 万元/人，领跑粤港澳大湾区。珠三角九市人均 GDP 差异较大，2021 年，深圳、珠海、广州三市人均 GDP 超过 15 万元/人，分别为 17.37 万、15.91 万、15.04 万元/人；其后，佛山、东莞人均 GDP 在 10 万～15 万元/人之间，分别达到 12.80 万、10.33 万元/人；惠州、中山、江门和肇庆人均 GDP 不足 10 万元/人，分别为 8.21 万、8.02 万、7.47 万、6.44 万元/人。**与全国平均水平 8.1 万元/人相比，中山、江门、肇庆低于全国平均水平。**2021 年粤港澳大湾区各城市人均 GDP 如图 1-6 所示。

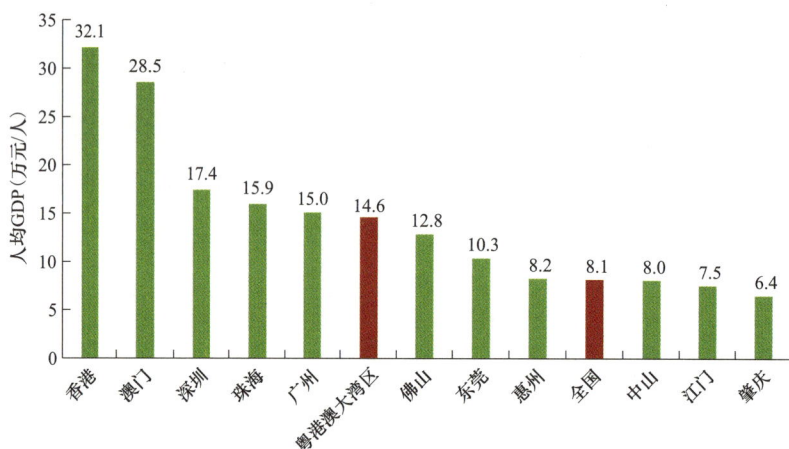

图 1-6　2021 年粤港澳大湾区各城市人均 GDP

数据来源：珠三角九市统计局；香港政府统计处；澳门统计暨普查局

1.1.3　固定资产投资

粤港澳大湾区固定资产投资快速增长。2021 年，粤港澳大湾区固定资产投资为 4.02 万亿元❶，同比增长 8.3%，增速同比增加 3.2 个百分点。其中，珠三角九市固定资产投资 3.56 万亿元，同比增长 7.4%，占粤港澳大湾区固定资产投资的比重为 88.6%。2010 年以来，除 2018 年（6.8%）和 2020 年（5.1%）增速较慢外，其余年份粤港澳大湾区固定资产投资均保持在 8% 以上较高增长水平。粤港澳大湾区各城市固定资产投资如表 1-1 所

---

❶　本报告依据 2021 年公布增速测算得到。香港、澳门用本地固定资本形成总额代替。

示，2010—2021 年粤港澳大湾区固定资产投资及增速如图 1 - 7 所示。

表 1 - 1 　　　　　　　粤港澳大湾区各城市固定资产投资 　　　　单位：万亿元，%

区域	2010 年	2015 年	2020 年	2021 年	2021 年增速
广州	0.33	0.54	0.76	0.85	11.7
深圳	0.19	0.33	0.80	0.83	3.7
珠海	0.05	0.13	0.22	0.21	− 3.1
佛山	0.17	0.30	0.48	0.52	7.6
惠州	0.09	0.19	0.24	0.29	21.8
东莞	0.11	0.14	0.24	0.26	8.2
中山	0.07	0.11	0.13	0.15	15.3
江门	0.06	0.13	0.22	0.22	1.4
肇庆	0.06	0.13	0.20	0.22	11.6
香港	0.29	0.36	0.36	0.42	15.5
澳门	0.02	0.06	0.04	0.04	10.1
珠三角九市	1.14	2.00	3.31	3.56	7.4
珠三角九市占大湾区比重	78.4	82.9	89.1	88.6	—
粤港澳大湾区	1.45	2.41	3.71	4.02	8.3

数据来源：珠三角九市统计局；香港政府统计处；澳门统计暨普查局

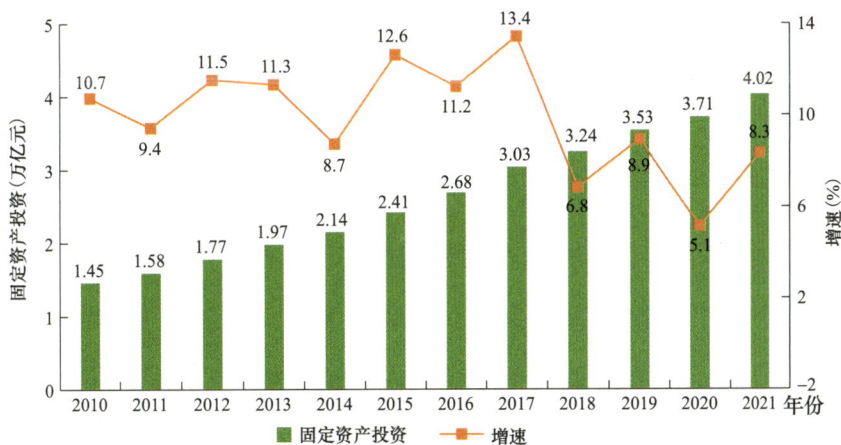

图 1 - 7　2010—2021 年粤港澳大湾区固定资产投资及增速

数据来源：珠三角九市统计局；香港政府统计处；澳门统计暨普查局

从各城市固定资产投资看，2021 年，广州、深圳、佛山、香港 4 市固定资产投资位居粤港澳大湾区前四位，分别为 0.85 万亿、0.83 万亿、0.52

万亿、0.42 万亿元，同比分别增长 11.7%、3.7%、7.6%、15.5%，合计占粤港澳大湾区固定资产投资的比重为 65%。惠州、东莞、江门、肇庆等其余 7 市固定资产投资规模较小，均未超过 0.3 万亿元。从增速看，2021年，除珠海（－3.1%）固定资产投资负增长外，其余各城市投资增速均保持正增长，其中惠州、香港、中山同比分别增长 21.8%、15.5%、15.3%，居粤港澳大湾区前三位。2021 年粤港澳大湾区各城市固定资产投资及同比增速如图 1-8 所示。

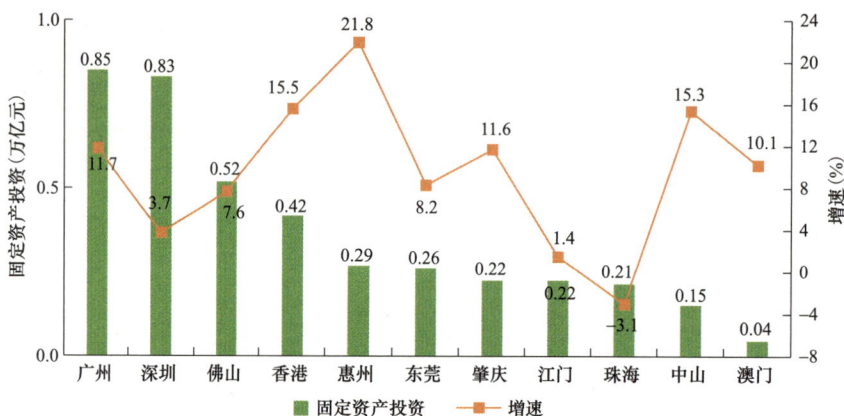

图 1-8　2021 年粤港澳大湾区各城市固定资产投资及同比增速

数据来源：珠三角九市统计局；香港政府统计处；澳门统计暨普查局

1.1.4　消费

粤港澳大湾区消费迎来疫情后高速增长。2021 年，粤港澳大湾区社会消费品零售总额为 3.82 万亿元，同比增长 10.5%。其中，珠三角九市社会消费品零售总额 3.44 万亿元，同比增长 10.2%，占粤港澳大湾区消费的比重为 90%。2010—2020 年，粤港澳大湾区社会消费品零售总额增速呈现下降趋势，从 2010 年的 19.3% 下降到 2020 年的－8.4%，其中 2020 年受疫情影响呈现负增长。2021 年粤港澳大湾区经济复苏加快，社会消费品零售总额增速有所反弹，增速达 10.5%。粤港澳大湾区各城市社会消费品零售总额如表 1-2 所示，2010—2021 年粤港澳大湾区社会消费品零售总额及同比增速如图 1-9 所示。

表 1 - 2　　　　　　　粤港澳大湾区各城市社会消费品零售总额　　单位：万亿元，%

区域	2010 年	2015 年	2020 年	2021 年	2021 年增速
广州	0.38	0.80	0.92	1.01	9.8
深圳	0.36	0.50	0.87	0.95	9.6
珠海	0.04	0.09	0.09	0.1	13.8
佛山	0.15	0.27	0.33	0.36	8.1
惠州	0.07	0.11	0.17	0.2	13.3
东莞	0.15	0.22	0.37	0.42	13.3
中山	0.07	0.11	0.14	0.15	8.7
江门	0.05	0.10	0.12	0.13	9.9
肇庆	0.04	0.06	0.11	0.12	9.3
香港	0.28	0.38	0.27	0.29	8.1
澳门	0.07	0.11	0.07	0.09	28.6
珠三角九市	1.31	2.26	3.12	3.44	10.2
珠三角九市占大湾区比重	79	83	90	90	—
粤港澳大湾区	1.66	2.73	3.46	3.82	10.5

数据来源：珠三角九市统计局；香港政府统计处；澳门统计暨普查局

图 1 - 9　2010—2021 年粤港澳大湾区社会消费品零售总额及同比增速

数据来源：珠三角九市统计局；香港政府统计处；澳门统计暨普查局

各城市消费增速迎来大幅提升，广州、深圳消费需求占比大。 从 2021 年增速看，在全国统筹疫情防控和经济社会发展，积极应对新冠肺炎疫情冲击的大背景下，消费品市场逐步恢复稳定，2021 年粤港澳大湾区各城市消费均呈现增长态势，同比增速均在 8% 以上。其中，广州社会消费品零售总额首次突破万亿大关，深圳社会消费品零售总额朝万亿目标迈进，两城市社会消费品零售总额分别为 1.01 万亿、0.95 万亿元，居粤港澳大湾区前两位，合计占粤港澳大湾区社会消费品零售总额的比重约为 51%。东莞、佛山、香港社会消费品零售总额均超过 0.25 万亿元，分别为 0.42 万亿、0.36 万亿、0.29 万亿元，合计占粤港澳大湾区社会消费品零售总额的比重约为 28%。惠州、中山等其余 6 市的社会消费品零售总额规模较小，均在 0.2 万亿元以内。

2021 年粤港澳大湾区各城市社会消费品零售总额及增速、粤港澳大湾区各城市社会消费品零售总额占比分别如图 1-10 和图 1-11 所示。

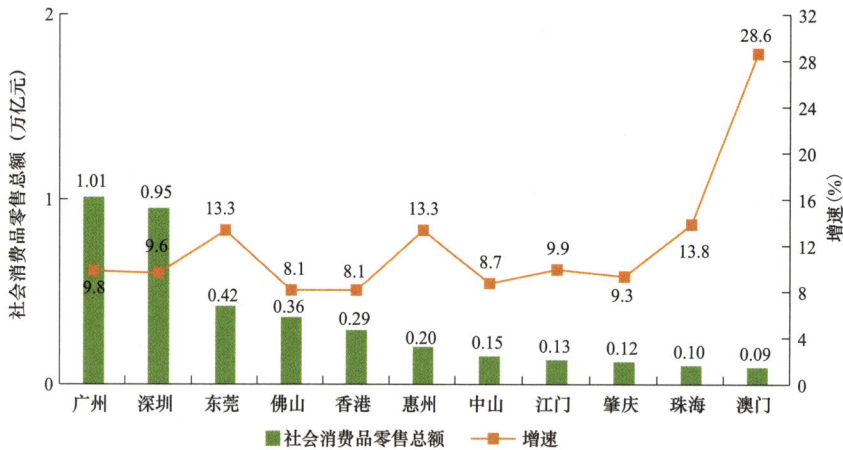

图 1-10　2021 年粤港澳大湾区各城市社会消费品零售总额及增速

数据来源：珠三角九市统计局；香港政府统计处；澳门统计暨普查局

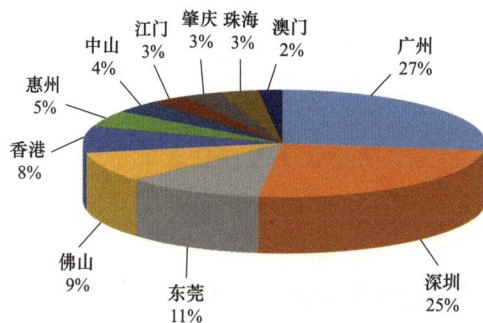

图 1-11　2021 年粤港澳大湾区各城市社会消费品零售总额占比

数据来源：珠三角九市统计局；香港政府统计处；澳门统计暨普查局

1.1.5　对外贸易

粤港澳大湾区进出口贸易迎来疫情以来的恢复增长。2021 年，粤港澳大湾区进出口总额 16.54 万亿元，同比增长 17.0%，增速同比增加 18.2 个百分点。其中，出口额 8.95 万亿元，同比增长 17.3%。2021 年珠三角九市进出口总额 7.89 万亿元，同比增长 16.7%，占粤港澳大湾区进出口额的比重为 47.7%；出口额 4.82 万亿元，同比增长 16.7%，占粤港澳大湾区出口的比重为 53.9%。受国际经济环境及疫情影响，粤港澳大湾区进出口贸易增速波动较大，2010—2015 年连续 5 年下降，其中 2015 年的增速降至 -2.9%；2016、2017 年有所回升；2018 年以来，受中美贸易摩擦、全球经济增长放缓、2020 年疫情暴发等因素影响，粤港澳大湾区进出口贸易增速逐步回落，进出口贸易总额较为平稳，维持在 14 万亿元左右。2021 年随着疫情防控趋稳，经济形势有所回暖，进出口贸易迎来了快速增长，出口贸易与进出口贸易变化趋势相类似。

2010—2021 年粤港澳大湾区各城市进出口总额及增速、出口总额及增速分别如表 1-3、图 1-12、图 1-13 所示。

表 1-3　　　　　　　　粤港澳大湾区各城市进出口情况

区域		2010 年（万亿元）	2015 年（万亿元）	2020 年（万亿元）	2021 年（万亿元）	2021 年增速（%）	2021 年占大湾区比重（%）
广州	进出口	0.70	0.83	0.95	1.08	13.5	6.5
	出口	0.33	0.50	0.54	0.63	16.4	7.0
深圳	进出口	2.35	2.75	3.05	3.54	16.2	21.4
	出口	1.38	1.64	1.7	1.93	13.5	21.6
珠海	进出口	0.29	0.30	0.27	0.33	21.5	2.0
	出口	0.14	0.18	0.16	0.19	17.3	2.1
佛山	进出口	0.35	0.41	0.51	0.62	21.7	3.7
	出口	0.22	0.30	0.41	0.50	21.2	5.6
惠州	进出口	0.23	0.34	0.25	0.31	22.8	1.9
	出口	0.14	0.22	0.17	0.21	26.3	2.3

续表

区域		2010 年（万亿元）	2015 年（万亿元）	2020 年（万亿元）	2021 年（万亿元）	2021 年增速（%）	2021 年占大湾区比重（%）
东莞	进出口	0.82	1.04	1.33	1.52	14.6	9.2
	出口	0.47	0.65	0.83	0.96	15.4	10.7
中山	进出口	0.21	0.22	0.22	0.27	22	1.6
	出口	0.15	0.17	0.18	0.22	22.9	2.5
江门	进出口	0.10	0.12	0.14	0.18	25.2	1.1
	出口	0.07	0.09	0.11	0.15	30.2	1.7
肇庆	进出口	0.03	0.05	0.04	0.04	−1.9	0.2
	出口	0.02	0.03	0.03	0.03	−9.3	0.3
香港	进出口	5.57	6.15	7.29	8.52	25.3	51.5
	出口	2.64	2.90	3.49	4.12	26.3	46.0
澳门	进出口	0.04	0.08	0.09	0.13	61.4	0.8
	出口	0.005	0.008	0.01	0.01	19.9	0.1
珠三角九市	进出口	5.08	6.06	6.76	7.89	16.7	47.7
	出口	2.92	3.78	4.13	4.82	16.7	53.9
粤港澳大湾区	进出口	10.7	12.29	14.14	16.54	17.0	100
	出口	5.57	6.69	7.63	8.95	17.3	100

数据来源：珠三角九市统计局；香港政府统计处；澳门统计暨普查局

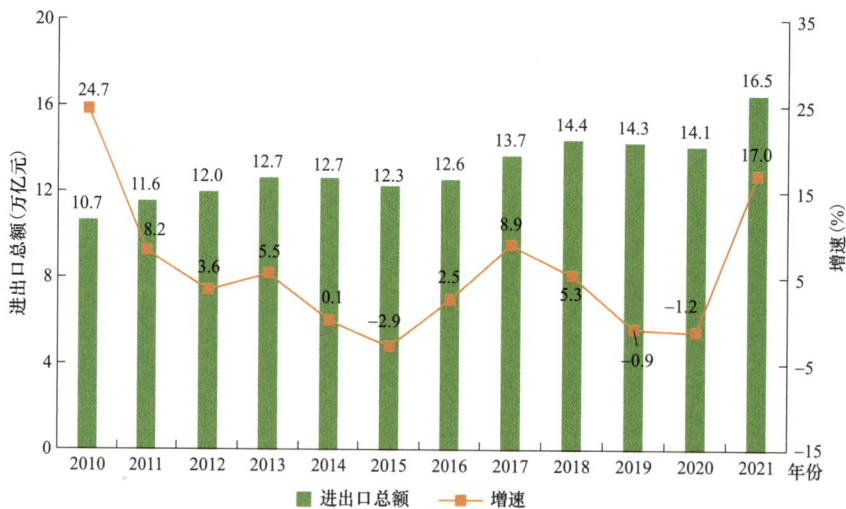

图 1-12　2010—2021 年粤港澳大湾区进出口总额及同比增速

数据来源：珠三角九市统计局；香港政府统计处；澳门统计暨普查局

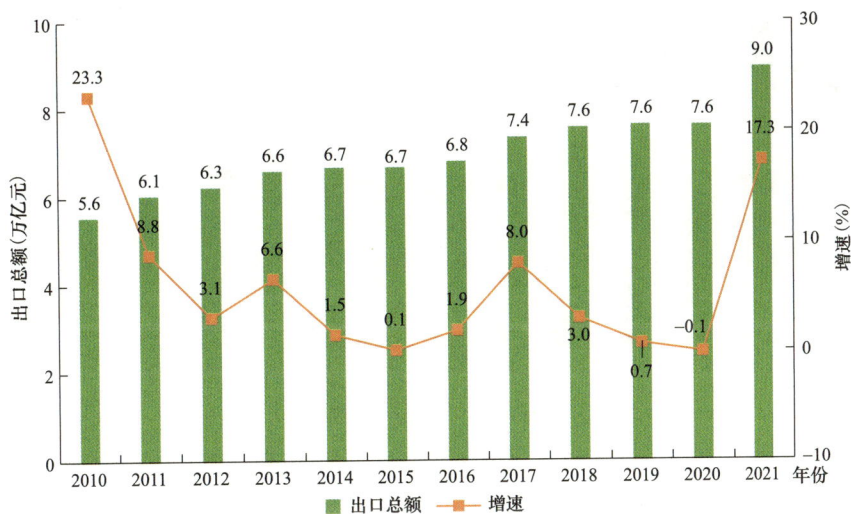

图 1-13　2010－2021 年粤港澳大湾区出口总额及同比增速

数据来源：珠三角九市统计局；香港政府统计处；澳门统计暨普查局

粤港澳大湾区各城市进出口分化明显，香港外贸核心地位突出。2021年，香港进出口总额 8.52 万亿元，占粤港澳大湾区进出口的比重高达51.5％，居粤港澳大湾区首位，全球贸易自由港地位突出。其中，出口额 4.12 万亿元。深圳进出口总额 3.54 万亿元，占粤港澳大湾区进出口比重为 21.4％，居粤港澳大湾区第二位，其中，出口额 1.93 万亿元。东莞、广州进出口总额分别为 1.52 万亿、1.08 万亿元，居粤港澳大湾区三、四位。深圳、东莞、广州进出口占粤港澳大湾区进出口的比重为37.1％。佛山、珠海等其余 7 市进出口规模相对较小，均在 0.7 万亿元及以下，合计占粤港澳大湾区进出口总额的比重为 11.4％。粤港澳大湾区各城市出口情况与进出口情况类似，香港、深圳、东莞、广州出口规模居粤港澳大湾区前四位，合计占粤港澳大湾区出口的比重为 85.4％。

2021 年粤港澳大湾区各城市进出口总额及增速、2021 年粤港澳大湾区各城市出口总额及增速如图 1-14 和图 1-15 所示。

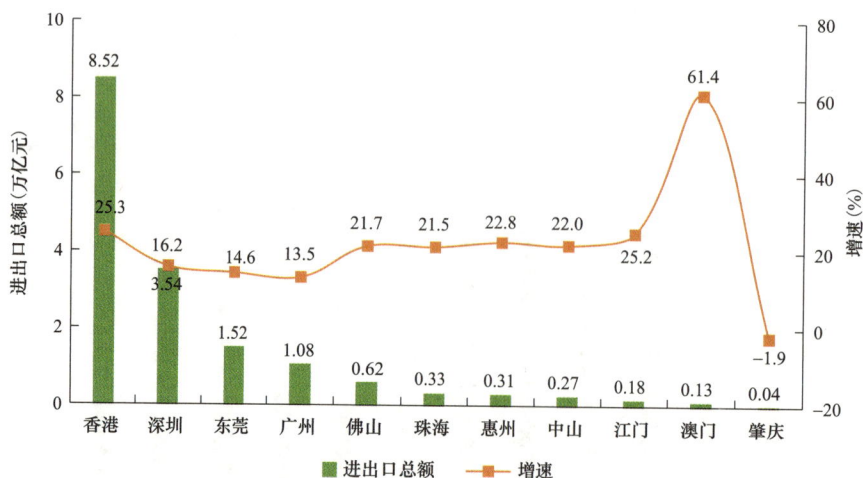

图 1-14　2021 年粤港澳大湾区各城市进出口总额及增速

数据来源：珠三角九市统计局；香港政府统计处；澳门统计暨普查局

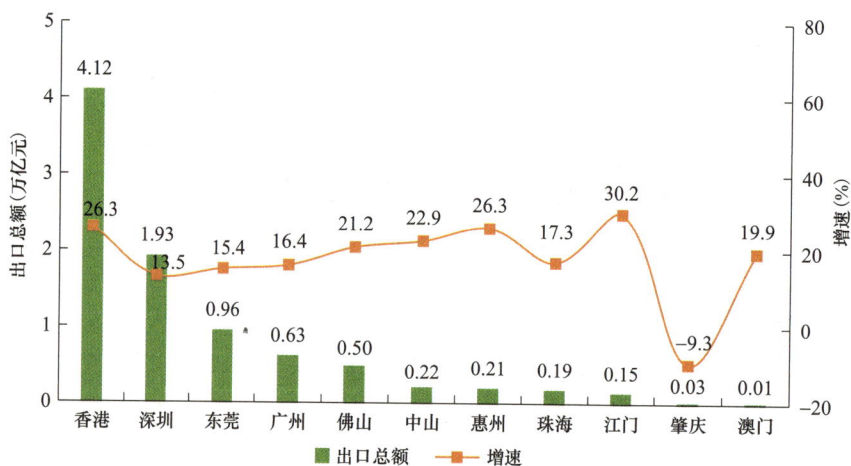

图 1-15　2021 年粤港澳大湾区各城市出口总额及增速

数据来源：珠三角九市统计局；香港政府统计处；澳门统计暨普查局

粤港澳大湾区外向型经济特征明显，香港、东莞、深圳外贸依存度高。2021 年，粤港澳大湾区对外贸易依存度❶为 131％，比 2010 年的 193.1％下降了 62 个百分点。分城市看，2021 年，香港对外贸易依存度高达 358.8％，居粤港澳大湾区首位；东莞、深圳对外贸易依存度均超过 100％，分别为 140.5％、

---

❶　外贸依存度是反映一个地区的对外贸易活动对该地区经济发展的影响和依赖程度的经济分析指标。该比例是判断一个国家对外开放程度的重要指标。一般用对外贸易额进出口总值在国民生产总值中所占比重表示，即贸易依存度＝对外贸易总额/国民生产总值。

115.6%。除江门（49.7%）、广州（38.3%）、肇庆（15.3%）外，其余城市的对外依存度均高于50%。2010—2021年粤港澳大湾区对外贸易依存度、2021年粤港澳大湾区各城市对外贸易依存度分别如图1-16、表1-4所示。

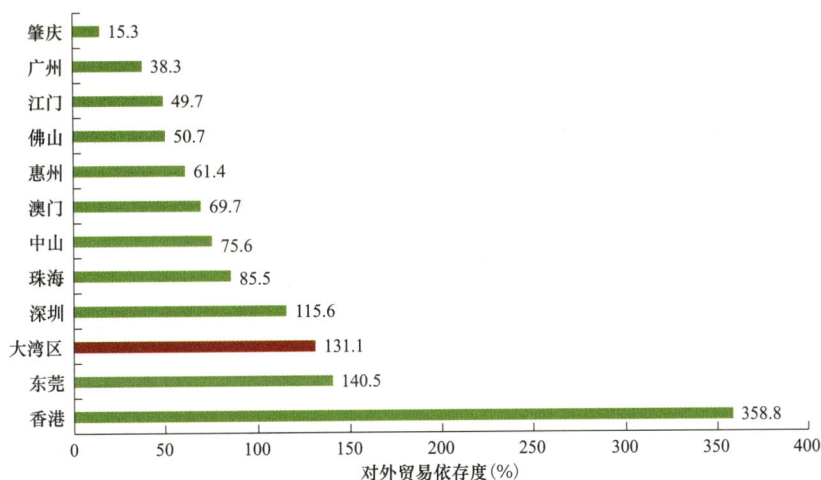

图1-16 2021年粤港澳大湾区各城市对外贸易依存度

数据来源：珠三角九市统计局；香港政府统计处；澳门统计暨普查局

表1-4　　　　　　　　　　粤港澳大湾区对外贸易依存度　　　　　　　　　单位：%

年份	粤港澳大湾区	粤港澳大湾区 （香港除外）	香港
2010	193.1	128.2	313.6
2011	185.8	123.0	304.5
2012	178.5	118.8	293.6
2013	171.8	116.0	284.8
2014	160.0	104.7	276.5
2015	145.2	93.9	256.4
2016	136.1	85.4	261.0
2017	135.2	84.1	268.1
2018	133.7	82.4	264.5
2019	123.4	76.0	260.1
2020	122.8	75.1	271.2
2021	131.1	78.3	358.8

数据来源：珠三角九市统计局；香港政府统计处；澳门统计暨普查局

1.2 产业及重点领域发展现状

1.2.1 产业结构

粤港澳大湾区产业结构趋于稳定，珠三角地区产业结构持续优化，第三产业占比逐年增加。2010－2021 年，粤港澳大湾区第三产业占比稳定在 65％左右，2021 年为 64.8％。其中，珠三角九市第三产业占 GDP 总体呈上升趋势，从 2010 的 49.1％增加至 2021 年的 57.6％；第二产业占 GDP 比重逐年下降，从 2010 的 48.8％下降至 2021 年的 40.7％。总体来看，服务业已成为支撑珠三角九市经济发展的第一大产业，对拉动珠三角九市乃至粤港澳大湾区经济增长发挥重要作用。2010－2021 年粤港澳大湾区及珠三角九市产业结构如图 1-17 和图 1-18 所示。

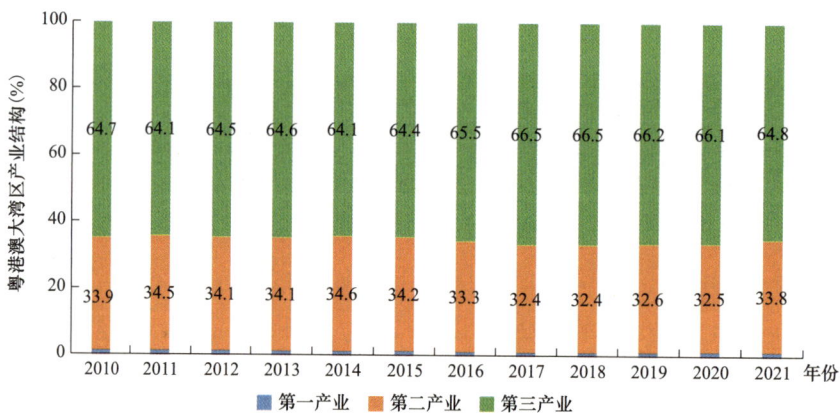

图 1-17　2010－2021 年粤港澳大湾区产业结构

粤港澳大湾区各城市产业结构差异大。2021 年，香港、澳门第三产业占 GDP 比重均在 90％以上，远高于珠三角九市，是典型服务型经济城市代表；广州、深圳第三产业 GDP 比重均超过 60％，分别为 71.6％、62.9％，服务型经济发展已具有一定规模；珠海第三产业占比为 56.7％；佛山、惠州等其余 6 个城市第三产业占比均在 50％以下，仍处在以工业经济为主要拉动力的发展阶段，第三产业发展的空间较大。2021年粤港澳大湾区各城市产业结构如图1-19所示。

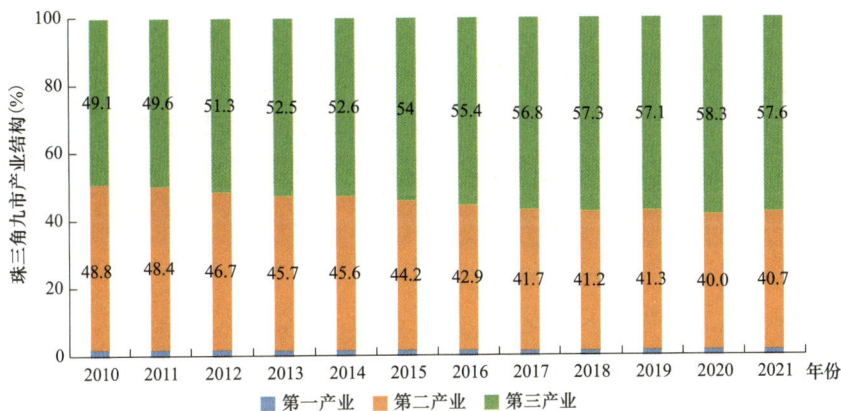

图1-18 2010—2021年珠三角九市产业结构

数据来源：珠三角九市统计局；香港政府统计处；澳门统计暨普查局

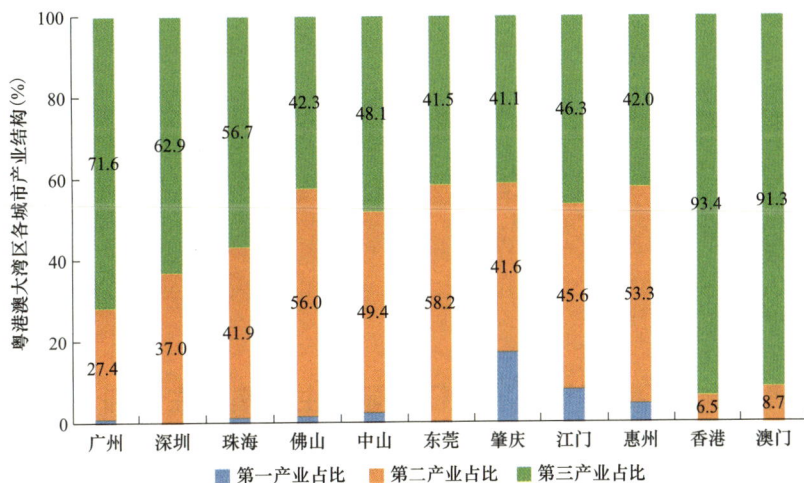

图1-19 2021年粤港澳大湾区各城市产业结构

数据来源：珠三角九市统计局；香港政府统计处；澳门统计暨普查局

1.2.2 工业

粤港澳大湾区工业生产稳中向好。2021年，粤港澳大湾区规模以上工业企业增加值约为 3.3 万亿元❶，同比增长 8.5%。其中，珠三角九市规模以上工业增加值 3.24 万亿元，同比增长 8.5%，占粤港澳大湾区规模以上工业增加值的比重为 99%。粤港澳大湾区各城市规模以上工业增加值及增速、2010－2021 年粤港澳大湾区工业增加值及增速如表 1-5、图 1-20 所示。

表 1-5　　　　　粤港澳大湾区各城市规模以上工业增加值及增速

区域	2010 年（万亿元）	2015 年（万亿元）	2020 年（万亿元）	2021 年（万亿元）	2021 年增速（%）	2021 年占大湾区比重（%）
广州	0.36	0.49	0.46	0.51	7.8	15.5
深圳	0.41	0.68	0.95	0.99	4.7	30.4
珠海	0.07	0.09	0.12	0.13	8.8	4.1
佛山	0.33	0.44	0.49	0.54	9.3	16.6
惠州	0.08	0.16	0.16	0.21	14.1	4.3
东莞	0.17	0.26	0.41	0.50	10.2	15.3
中山	0.13	0.13	0.12	0.14	12.0	2.6
江门	0.11	0.10	0.11	0.13	14.7	3.9
肇庆	0.04	0.10	0.07	0.09	18.4	6.4
香港	0.03	0.03	0.03	0.03	5.5	0.8
澳门	0.003	0.004	0.005	0.005	0.0	0.1
珠三角九市	1.69	2.45	2.89	3.24	8.5	99.1
粤港澳大湾区	1.72	2.47	2.92	3.27	8.5	100

注：因深圳仅公布规模以上工业增加同比增速，故采用该值推算 2021 年规模以上工业增加值总额。

粤港澳大湾区工业集聚发展特征明显，主要集中在深圳、广州、佛山、东莞等地。 作为粤港澳大湾区工业发展核心城市，深圳、佛山、广州、东莞 4 市规模以上工业增加值占粤港澳大湾区工业增加值的比重为 77.8%，工业发展集聚特征突出。2021 年，深圳规模以上工业增加值为 0.99 万亿元，居

---

❶ 鉴于统计口径的差别，香港、澳门的工业生产统计与内地工业增加值有所区别，本报告用香港的制造业增加价值、澳门的工业增加值总额分别作为代替，香港工业占比小，其口径差异对本报告分析影响不大。另外，由于 2021 年官方暂未公布澳门工业增加值，并且澳门工业增加值占粤港澳大湾区比重小（2020 年仅为 0.16%），故本报告暂取 2020 年澳门工业增加值作为替代。

大湾区首位，同比增长 4.7%；佛山、广州和东莞规模以上工业增加值相当，分别为 0.54 万亿、0.51 万亿、0.50 万亿元。惠州、中山、珠海、江门、肇庆其余 5 市规模以上工业增加值均未超过 0.25 万亿元。香港和澳门主要发展第三产业，工业发展相较于珠三角九市有较大差距。2021 年粤港澳大湾区各城市规模以上工业增加值及增速、各城市规模以上工业增加值占比分别如图 1-21 和图 1-22 所示。

图 1-20 2010—2021 年粤港澳大湾区规模以上工业增加值及增速

数据来源：珠三角九市统计局；香港政府统计处；澳门统计暨普查局

图 1-21 2021 年粤港澳大湾区各城市规模以上工业增加值及增速

数据来源：珠三角九市统计局；香港政府统计处；澳门统计暨普查局

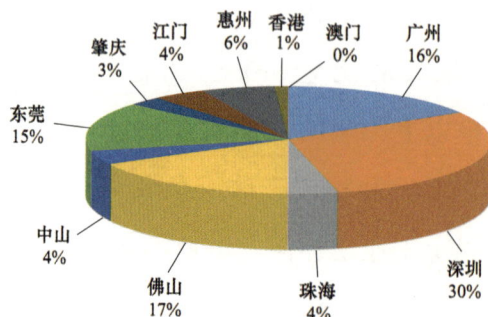

图1-22　2021年粤港澳大湾区各城市规模以上工业增加值占比

数据来源：珠三角九市统计局；香港政府统计处；澳门统计暨普查局

1.2.3　服务业

粤港澳大湾区服务业平稳增长。 2021年，粤港澳大湾区服务业❶增加值为8.18万亿元，同比名义增长6.7%。其中，珠三角九市服务业增加值为5.79万亿元，同比名义增长7.3%，占粤港澳大湾区服务业的比重为71%，同比提高了3个百分点，珠三角九市服务业在粤港澳大湾区服务业中的地位日益突出。

从增速看，粤港澳大湾区服务业增加值仍保持较快增长，2010—2017年，除2014年（6.9%）和2015年（7.6%）外，增速均在9%以上。近年来增速下降明显，2018、2019年和2020年分别为6.7%、4.7%、3%，2021年增速回升至6.7%。粤港澳大湾区各城市服务业增加值、2010—2021年粤港澳大湾区服务业增加值及增速分别如表1-6、图1-23所示。

表1-6　　　　　　　　粤港澳大湾区各城市服务业增加值

区域	2010年（万亿元）	2015年（万亿元）	2020年（万亿元）	2021年（万亿元）	2021年增速（%）	2020年占大湾区比重（%）
广州	0.66	1.22	1.81	2.02	8.0	24.7
深圳	0.20	0.30	1.72	1.93	7.8	23.6

---

❶ 根据国家统计局三次产业分类规定，珠三角九市的第三产业即为服务业；香港、澳门的服务业增加值官方未公布，基于香港、澳门服务业增加值占GDP比重估算得到。

续表

区域	2010 年 （万亿元）	2015 年 （万亿元）	2020 年 （万亿元）	2021 年 （万亿元）	2021 年 增速（%）	2020 年占大湾区 比重（%）
珠海	0.53	1.03	0.19	0.22	7.2	2.7
佛山	0.05	0.10	0.46	0.51	7.0	6.2
惠州	0.07	0.13	0.19	0.21	5.3	2.6
东莞	0.21	0.33	0.44	0.45	5.1	5.5
中山	0.06	0.13	0.15	0.17	5.0	2.1
江门	0.06	0.10	0.16	0.17	5.7	2.1
肇庆	0.04	0.07	0.09	0.11	7.5	1.3
香港	1.41	1.73	2.13	2.22	4.2	27.1
澳门	0.18	0.26	0.15	0.18	20.0	2.2
珠三角九市	1.88	3.41	5.21	5.79	7.3	70.8
粤港澳大湾区	3.46	5.41	7.49	8.18	6.7	100

注：2021 年澳门服务业增加值为估计值。

数据来源：珠三角九市统计局；香港政府统计处；澳门统计暨普查局

图 1-23　2010—2021 年粤港澳大湾区服务业增加值及增速

数据来源：珠三角九市统计局；香港政府统计处；澳门统计暨普查局

粤港澳大湾区服务业发展主要集中在香港、广州、深圳。 2021 年，香港、广州、深圳服务业增加值分别为 2.22 万亿、2.02 万亿、1.93 万亿元，同比分别增长 4.2%、8.0%、7.8%，占粤港澳大湾区服务业增加值的比重分别为 27.1%、24.7%、23.6%，合计 75.3%，同比提高 1.4 个百分点。佛山、珠海等其余8个城市的服务业增加值均未超过0.6万亿元，与香港、广州、深圳相比差距明显，合计占比24.7%。从增速看，虽然疫情反复，但与2020年相比各城市均有所改善，整体需求回升，澳门服务业整体回升较快。2021年粤港澳大湾区各城市服务业增加值及增速如图1-24和图1-25所示。

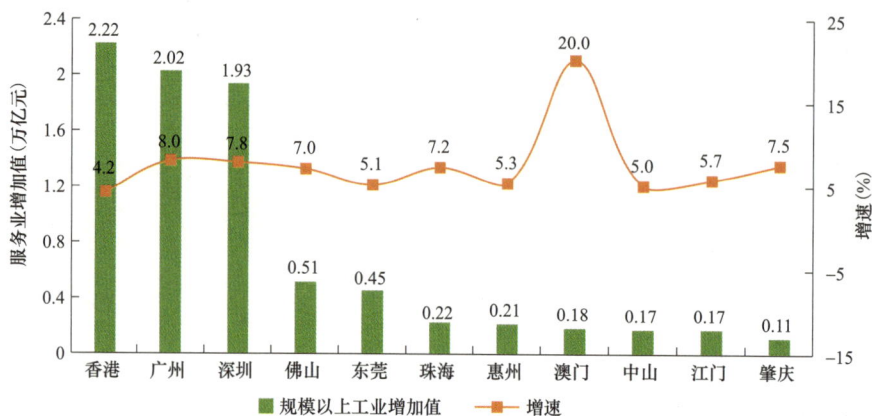

图1-24 2021年粤港澳大湾区各城市服务业增加值及增速

数据来源：珠三角九市统计局；香港政府统计处；澳门统计暨普查局

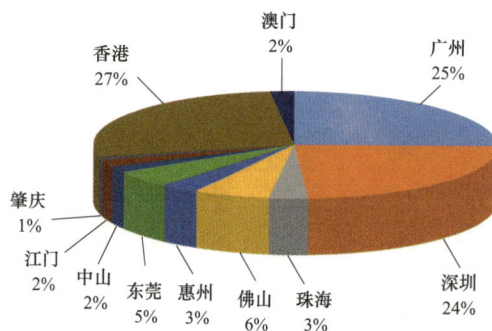

图1-25 2021年粤港澳大湾区各城市服务业增加值占比

数据来源：珠三角九市统计局；香港政府统计处；澳门统计暨普查局

1.3 能源发展现状

1.3.1 能源供给

煤炭完全依靠国内调入和国外进口。粤港澳大湾区煤炭对外依存度为

100%。其中，内陆煤炭主要来源地为山西、内蒙古西部、陕西等"三西"地区煤炭基地，通过铁海联运方式调入；进口煤炭主要来自印尼等地区，通过海运方式调入。

石油以外区调入为主，成品油供应较为充裕。珠三角九市石油供应主要来源于南海油田（1500 万 t/年）、国外进口和国内其他省市调入，国内调入原油主要来自松辽、辽河、渤海湾等地，国外进口原油主要来自中东、东南亚和非洲等地区，通过水运、海运方式调入；香港油品大部分来自国外进口，包括新加坡、韩国等地区，其中航空煤油来自广东；澳门油品主要由广东供应。粤港澳大湾区内已经建成广州石化、中海惠州等 2 家大型炼油化工企业，生产汽油、柴油、煤油等燃料及化工原料，原油加工能力 3520 万 t/年（广州石化 1320 万 t/年、惠州炼化 2200 万 t/年），并配套建设了油品接卸码头、原油储库以及 2 条分别至惠州石化和广州石化的原油输送管道。

天然气主要依靠区外供应。粤港澳大湾区的管道天然气主要来源于新疆霍尔果斯市，通过中国石油西二线送入；海上天然气主要来源于海南崖城海气，进口天然气主要来自澳大利亚和卡塔尔等地区。

电力供应能力逐步加强。粤港澳大湾区电力主要来自区内煤电、气电、核电以及区外"西电东送"。在落实国家有序控制煤电发展要求和加快推动广东能源结构调整的背景下，粤港澳大湾区有序开展老旧燃煤机组退役关停和煤改气工作，稳步推进天然气发电及核电建设，大力开发风电、光伏等可再生能源，不断增强电力内外供应能力。2021 年，粤港澳大湾区电源总装机容量规模 9650 万 kW，西电东送规模达 4508 万 kW，区内电源发电量占全社会用电量比例约为 54%，西电东送电量占比约为 31%。

1.3.2 能源消费

粤港澳大湾区能源消费总量渐趋稳定[1]。2020 年，粤港澳大湾区能源消费总量为 2.64 亿吨标准煤，同比减少 0.2%。能源活动主要集中在珠三角九

---

[1] 截至 2022 年 10 月底，官方统计年鉴暂未公布 2021 年能源消费总量情况，故统计口径为 2020 年。

市，能源消费总量为 2.42 亿 t 标准煤，占粤港澳大湾区能源消费总量的比重为 92%，其中广州、深圳为能源消费活动最集中区域，2020 年能源消费总量分别为 0.62 亿、0.44 亿 t 标准煤，两城市能源消费总量合计占大湾区的比重约 40%。粤港澳大湾区各城市能源消费总量、2010—2020 年粤港澳大湾区能源消费总量及增速分别如表 1-7、图 1-26 所示。

表 1-7　　　　　　粤港澳大湾区各城市能源消费总量　单位：亿 t 标准煤，%

区域	2010 年	2015 年	2020 年	2020 年占比
广州	0.48	0.57	0.62	23.6
深圳	0.33	0.39	0.44	16.7
珠海	0.06	0.08	0.10	3.8
佛山	0.25	0.30	0.30	11.4
惠州	0.14	0.18	0.29	11.0
东莞	0.23	0.28	0.31	11.8
中山	0.08	0.11	0.11	4.2
江门	0.11	0.12	0.13	4.9
肇庆	0.05	0.09	0.12	4.6
香港	0.19	0.20	0.20	7.6
澳门	0.01	0.01	0.01	0.4
珠三角九市	1.73	2.12	2.42	91.6
粤港澳大湾区	1.93	2.33	2.64	—

数据来源：珠三角九市统计局；香港政府统计处；澳门能源业发展办公室

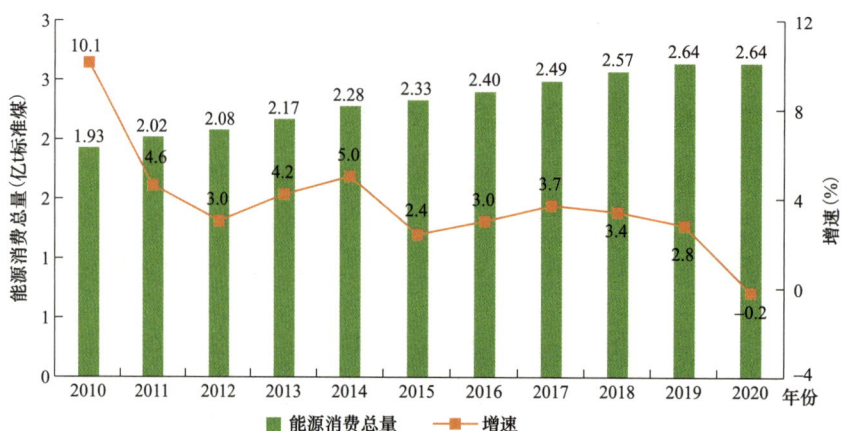

图 1-26　2010—2020 年粤港澳大湾区能源消费总量及增速

数据来源：珠三角九市统计局；香港政府统计处；澳门统计暨普查局

第 2 章

粤港澳大湾区电力发展现状

2.1 政策环境

为贯彻落实国家能源安全新战略，科学有序地推进能源绿色低碳高质量发展，2021 年 3 月中央财经委员会第九次会议正式提出，要构建以新能源为主体的新型电力系统。2021 年国家相继出台了《关于加快建立健全绿色低碳循环发展经济体系的指导意见》（国发〔2021〕4 号）《关于推进电力源网荷储一体化和多能互补发展的指导意见》（发改能源规〔2021〕280 号）《中共中央、国务院关于完整准确全面贯彻新发展理念做好碳达峰碳中和工作的意见》（中发〔2021〕36 号）等一系列政策文件。总体来看，推进"双碳"目标与绿色转型，成为 2021 年以来能源电力领域出台政策的"总纲领"，也为粤港澳大湾区电力行业转型升级和健康发展提供了政策支持。

在国家政策推动下，广东省政府及相关部门也陆续出台相应政策，服务粤港澳大湾区绿色低碳转型建设，从合作区建设，加快推进能源项目建设，支撑"双碳"发展，新产业、新业态建设以及财税金融支持等方面促进粤港澳大湾区电力发展，为建设国际一流湾区和世界级城市群、打造电力高质量发展典范提供有力支撑和坚实保障。2021 年粤港澳大湾区支撑电力发展主要政策如表 2 - 1 所示。

表 2 - 1 　　　　 2021 年粤港澳大湾区支撑电力发展主要政策

序号	主要政策法规	颁布部门	时间	主要内容
1	《广州穗港智造合作区建设实施方案》	广东省推进粤港澳大湾区建设领导小组	2021 年 2 月	推动制造业智能化发展，强化高端资源要素集聚能力，培育国家经济开发区开发发展新优势，加快推动广州穗港智造合作区建设；加大清洁能源在城市交通的应用推广力度
2	《广东省国民经济和社会发展第十四个五年规划和 2035 年远景目标纲要》	广东省人民政府	2021 年 4 月	坚持以能源安全新战略为统揽，深入推进能源供给、消费、技术、体制革命和对外合作，努力构建清洁低碳、安全高效、智能创新的现代化能源体系，实现能源高质量发展

序号	主要政策法规	颁布部门	时间	主要内容
3	《横琴粤澳深度合作区建设总体方案》	国务院	2021 年 9 月	大力发展集成电路、电子元器件、新材料、新能源、大数据、人工智能、物联网、生物医药产业；加快构建特色芯片设计、测试和检测的微电子产业链；建设人工智能协同创新生态
4	《全面深化前海深港现代服务业合作区改革开放方案》	国务院	2021 年 9 月	聚焦香港、澳门的人工智能、医疗、金融科技、智慧城市、物联网、新能源材料等优势领域，大力发展新研发；粤港澳合作机构，创新科技合作管理体制
5	《深圳市科技创新委员会关于发布2021 年深港联合资助项目申请的通知》	深圳科技委员会	2021 年 9 月	采取事前资助方式支持深港联合创新，单个项目最高资助 300 万元；申请单位为企业的，资助金额不超过深方项目总预算的 50%
6	《松山湖科学城发展总体规划（2021—2035 年）》	广东省发展和改革委员会（批复）	2021 年 11 月	松山湖科学城要以打造具有全球影响力的科学城为总目标，构建基础科研体系，推动核心技术研发，深化体制机制创新，加强区域开放合作，提升城市综合服务
7	《澳门特别行政区经济和社会发展第二个五年规划（2021—2025 年）》	澳门特区政府	2021 年 12 月	落实《横琴粤澳深度合作区建设总体方案》，推进横琴粤澳深度合作区建设；加大力度发展集成电路、电子元器件、新材料、新能源、大数据、人工智能、物联网、生物医药产业
8	《广东海洋经济发展"十四五"规划》	广东省人民政府	2021 年 12 月	在广州、深圳、珠海、江门、惠州和湛江等开展海洋碳中和试点和示范应用，探索海洋碳汇交易，推动形成粤港澳大湾区碳排放权交易市场
9	《广东省市场监管现代化"十四五"规划》	广东省人民政府	2021 年 12 月	推进标准化体制机制改革，组建粤港澳标准化高端专家智库，高水平建设粤港澳大湾区标准化研究中心，研究制定发布"湾区标准"
10	《广东省新型城镇化规划（2021—2035 年）》	广东省人民政府	2021 年 12 月	在粤港澳大湾区试行新型智慧城市联网；构建电网数字化平台和能源大数据平台，在广州等地试点建设能源区块链平台和电力物联网

2.2 电力需求

粤港澳大湾区全社会用电量保持增长态势。2021 年，粤港澳大湾区全社会用电量 6201 亿 kWh，同比增长 11.8％，增速同比增长 10.8 个百分点。其中，珠三角九市用电量同比增长 12.7％，是拉动粤港澳大湾区用电量增长的主要力量。香港用电量同比增加 3.8％，澳门用电量同比增加 5.0％。2010－2021 年，粤港澳大湾区用电量年均增长 5.1％，保持增长态势。2010－2021 年粤港澳大湾区全社会用电量情况如图 2-1 所示。

图 2-1　2010－2021 年粤港澳大湾区全社会用电量情况

数据来源：珠三角九市统计局；香港政府统计处；澳门统计暨普查局

珠三角全社会用电量占粤港澳大湾区比重呈扩大趋势。2021 年，珠三角、香港、澳门用电量分别占粤港澳大湾区用电量的 91.1％、8.0％、0.9％。与 2010 年相比，2021 年珠三角九市用电量占比提升了 5.1 个百分点，香港用电量占比下降了 4.9 个百分点，澳门用电量占比基本持平。

2010－2021 年粤港澳大湾区全社会用电量各区域构成、用电量情况如图 2-2、表 2-2 所示。

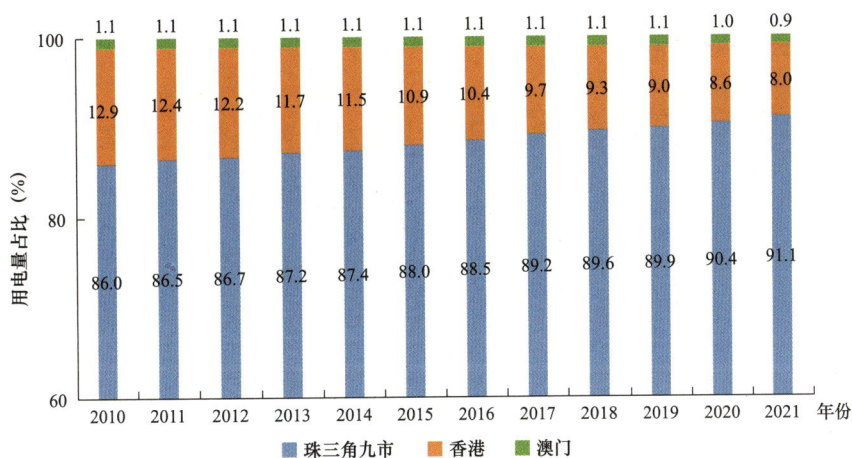

图 2-2　2010—2021 年粤港澳大湾区全社会用电量各区域构成

数据来源：珠三角九市统计局；香港政府统计处；澳门统计暨普查局

表 2-2　　2010—2021 年粤港澳大湾区各区域全社会用电量情况

单位：亿 kWh，%

项目	区域	2010 年	2015 年	2020 年	2021 年	2010—2021 年均增速
全社会用电量	珠三角九市	3075	3920	5013	5649	—
	香港	462	485	478	496	—
	澳门	39	50	54	57	—
	粤港澳大湾区	3575	4455	5545	6201	—
用电量增速	珠三角九市	—	5.0	5.0	12.7	5.7
	香港	—	1.0	-0.3	3.8	0.6
	澳门	—	5.4	1.6	5.0	3.5
	粤港澳大湾区	—	4.5	4.5	11.8	5.1
用电量占比	珠三角九市	86.0	88.0	90.4	91.1	—
	香港	12.9	10.9	8.6	8.0	—
	澳门	1.1	1.1	1.0	0.9	—
	粤港澳大湾区	100	100	100	100	—

注：1. 由于数据采用四舍五入，分项累计可能与总数略有差别。

　　2. 2015 年用电量增速为 2010—2015 年 5 年平均增速，2020 年用电量增速为 2015—2020 年 5 年平均增速。

数据来源：珠三角九市统计局；香港政府统计处；澳门统计暨普查局

2.2.1 珠三角电力需求

2021年，广州、深圳、东莞和佛山全社会用电量位居珠三角前四位。 2021年，珠三角九市全社会用电量为5649亿kWh，广州、深圳、东莞和佛山全社会用电量占珠三角比重达70.9%。其中，广州全社会用电量1120亿kWh，占珠三角比重19.8%；深圳全社会用电量1105亿kWh，占珠三角比重19.6%；东莞全社会用电量1001亿kWh，占珠三角比重17.7%；佛山全社会用电量781亿kWh，占珠三角比重13.8%。2021年珠三角九市各城市全社会用电量及增速如图2-3所示，占比如图2-4所示。

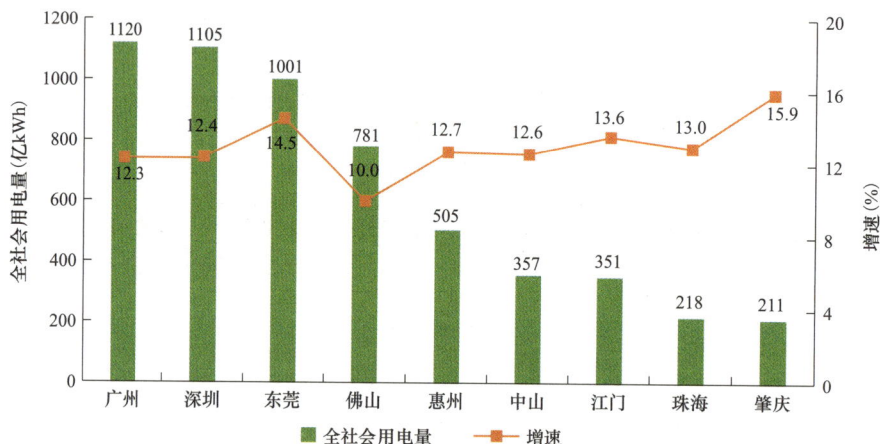

图2-3 2021年珠三角九市各城市全社会用电量及增速

数据来源：珠三角九市统计局

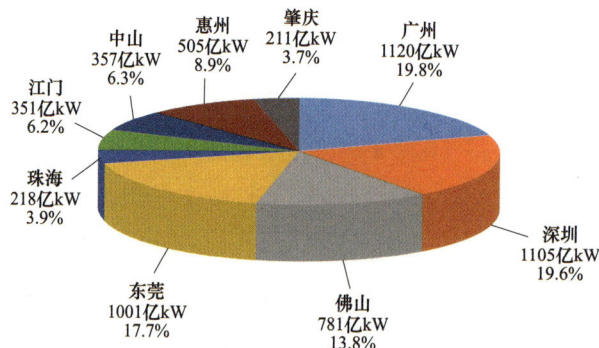

图2-4 2021年珠三角九市全社会用电量及占比

数据来源：珠三角九市统计局

2021 年，肇庆、东莞、江门和珠海全社会用电量增速位居珠三角前四位。2021 年，珠三角九市全社会用电量同比增长 12.7%。其中，肇庆、东莞、江门和珠海 4 市用电量增长较快，同比增长分别为 15.9%、14.5%、13.6% 和 13.0%。

第二产业和第三产业电力需求增长动力明显。2021 年，珠三角地区三次产业以及城乡居民用电量分别为 91 亿、3264 亿、1379 亿、914 亿 kWh，同比分别增长 13.4%、10.4%、18.6% 和 12.6%，对全社会用电量增长的贡献率分别为 1.6%、57.8%、24.4% 和 16.2%，第二产业和第三产业用电量对珠三角全社会用电量增长贡献大幅增加，已超过 80%。2021 年三次产业和居民生活用电占比如图 2 - 5 所示。

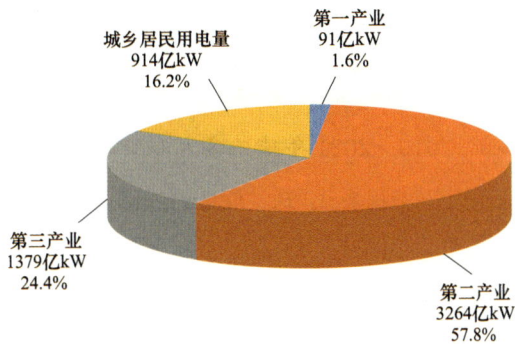

图 2 - 5　2021 三次产业和居民生活用电占比

数据来源：珠三角九市统计局

惠州、珠海、江门和肇庆全社会用电量 2010－2021 年均增速位居珠三角前四位。珠三角全社会用电量从 2010 年的 3075 亿 kWh 增长到 2021 年的 5649 亿 kWh，2010－2021 年年均增长 5.7%。其中，惠州、珠海、江门和肇庆用电量增速较快，2010－2021 年年均增长分别为 8.4%、7.1%、7.1% 和 6.6%，均高于珠三角增速。2010－2021 年珠三角九市社会用电量增速如图 2 - 6 所示。

2010－2021 年惠州用电量占珠三角比重提升最大，深圳用电量占比下降最大。2021 年，惠州、江门、珠海、肇庆和中山全社会用电量占珠三角的比重分别为 8.9％、6.2％、3.9％、3.7％和 6.3％，比 2010 年分别提升 2.1、0.8、0.6、0.3 个和 0.2 个百分点；深圳、佛山、东莞和广州全社会用电量占珠三角的比重分别为 19.6％、13.8％、17.7％和 19.8％，比 2010 年分别下降 1.7、1.3、0.6 个和 0.6 个百分点。

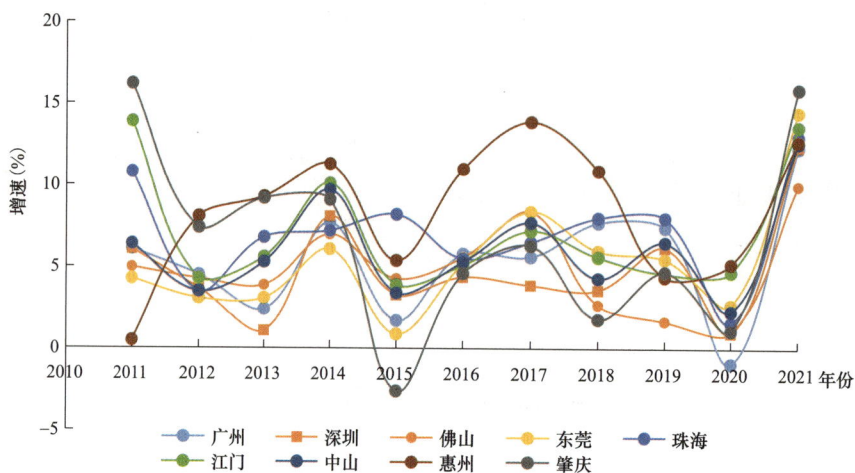

图 2-6　2010－2021 年珠三角九市社会用电量增速

数据来源：珠三角九市统计局

2010－2021 年珠三角九市全社会用电量占比如图 2-7 所示，2010－2021 年珠三角九市全社会用电量情况如表 2-3 所示。

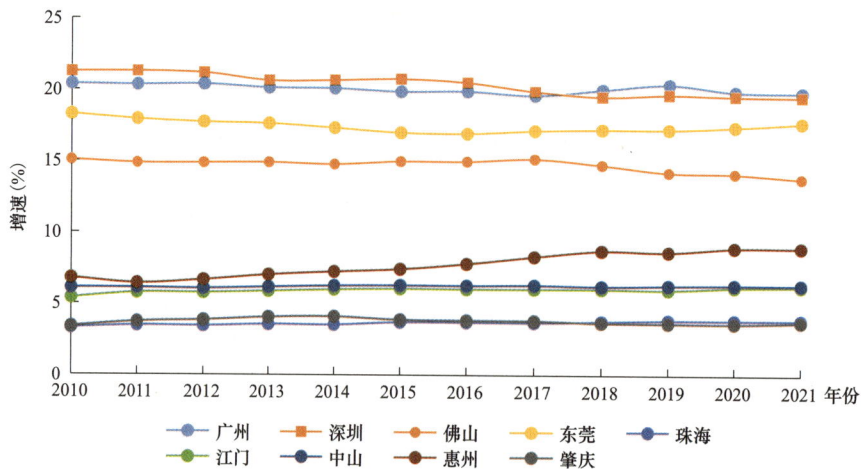

图 2-7　2010－2021 年珠三角九市全社会用电量占比

数据来源：珠三角九市统计局

表 2 - 3　　　　2010—2021 年珠三角九市全社会用电量情况

类别	区域	2010 年 (亿 kWh)	2015 年 (亿 kWh)	2020 年 (亿 kWh)	2021 年 (亿 kWh)	2010—2021 年均增速（%）
全社会用电量	广州	626	779	997	1120	—
	深圳	656	815	983	1105	—
	佛山	463	588	710	781	—
	东莞	562	667	874	1001	—
	珠海	102	145	193	218	—
	江门	165	237	309	351	—
	中山	187	246	317	357	—
	惠州	209	291	448	505	—
	肇庆	105	152	182	211	—
	珠三角九市	3075	3920	5013	5649	—
用电量增速	广州	—	4.5	5.1	12.3	5.4
	深圳	—	4.4	3.8	12.4	4.9
	佛山	—	4.9	3.8	10.0	4.9
	东莞	—	3.5	5.6	14.5	5.4
	珠海	—	7.3	5.9	13.0	7.1
	江门	—	7.5	5.4	13.6	7.1
	中山	—	5.6	5.2	12.6	6.1
	惠州	—	6.8	9.0	12.7	8.4
	肇庆	—	7.7	3.7	15.9	6.6
	珠三角九市	—	5.0	5.0	12.7	5.7
用电量占比	广州	20.4	19.9	19.9	19.8	—
	深圳	21.3	20.8	19.6	19.6	—
	佛山	15.1	15.0	14.2	13.8	—
	东莞	18.3	17.0	17.4	17.7	—
	珠海	3.3	3.7	3.8	3.9	—
	江门	5.4	6.0	6.2	6.2	—
	中山	6.1	6.3	6.3	6.3	—
	惠州	6.8	7.4	8.9	8.9	—
	肇庆	3.4	3.9	3.6	3.7	—
	珠三角九市	100	100	100	100	—

注：1. 由于数据采用四舍五入，分项累计可能与总数略有差别。

　　2. 2015 年用电量增速为 2010—2015 年 5 年平均增速，2020 年用电量增速为 2015—2020 年 5 年平均增速。

数据来源：珠三角九市统计局

2.2.2　香港电力需求

香港全社会用电量呈基本饱和状态。2021年，香港全社会用电量496亿kWh，同比增长3.8%。2010年以来，香港用电量基本进入饱和状态，年用电量在480亿kWh左右波动。2010—2021年香港全社会用电量及增速如图2-8所示。

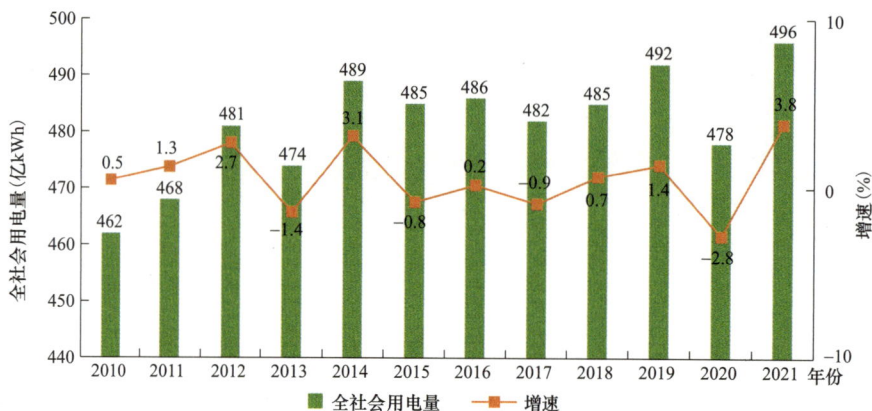

图2-8　2010—2021年香港全社会用电量及增速

数据来源：香港政府统计处

香港净进口电量呈增长趋势。2021年，香港全社会用电量496亿kWh，其中本地发电量370亿kWh，从内地进口电量126亿kWh，不再出口内地。香港净进口电量从2010年的79亿kWh增长到2021年的126亿kWh，净进口占比从2010年的17.1%增长到2021年的25.3%，2021年比2010年提升了8.2个百分点，呈增长趋势。2010—2021年香港电量供需平衡情况如表2-4所示。

表2-4　　　　　　2010—2021年香港电量供需平衡情况

项目	2010年	2015年	2020年	2021年
本地发电（亿kWh）	383	379	351	370
内地进口（亿kWh）	105	117	127	126
出口内地（亿kWh）	26	12	0	0

续表

项目	2010 年	2015 年	2020 年	2021 年
全社会用电量（亿 kWh）	462	485	478	496
净进口电量（亿 kWh）	79	106	127	126
净进口占比（％）	17.1	21.8	26.6	25.3

注：1. 全社会用电量＝本地发电＋内地进口电量-出口内地电量。

　　2. 净进口电量＝内地进口电量-出口内地电量。

数据来源：香港政府统计处

商业用电量占据香港用电量的首位。香港用电主要由商业（包括由政府账目支付的街灯本地用电量）、住宅和工业用电组成。2021 年，商业用电量 319 亿 kWh，占供电量的 64.4％，是最主要的用电行业；住宅用电量 143 亿 kWh，占供电量的 28.8％，居第二位；工业用电量为 34 亿 kWh，占比为 6.8％。2021 年香港用电量构成如图 2-9 所示。

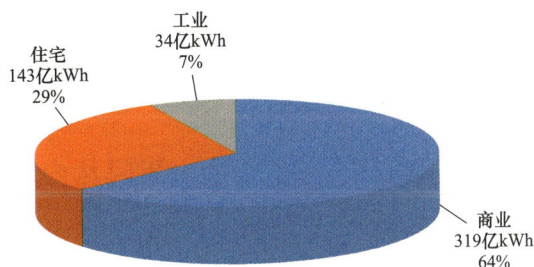

图 2-9　2021 年香港用电量构成

数据来源：香港政府统计处

2.2.3　澳门电力需求

澳门全社会用电量保持增长态势。2021 年，澳门用电量 57 亿 kWh，同比增长 5.0％。2010—2021 年，澳门用电量年均增长率为 3.5％，2019 年及以前保持增长态势，近年来增速有所放缓，其中 2020 年为负增长。2010—2021 年澳门全社会用电量情况如图 2-10 和表 2-5 所示。

图 2-10　2010—2021 年澳门全社会用电量情况

数据来源：澳门统计暨普查局

表 2-5　　　　　　　2010—2021 年澳门全社会用电量

项目	2010 年	2015 年	2020 年	2021 年	2010—2021 年均增速
用电量（亿 kWh）	39	50	54	57	—
增速（％）	5.5	5.1	1.6	5.0	3.5

注：2015 年增速为 2010—2015 年 5 年平均增速，2020 年增速为 2015—2020 年 5 年平均增速。

数据来源：澳门统计暨普查局

澳门大部分电量由内地进口。2021 年，澳门从内地进口电量 51.9 亿 kWh，占澳门全社会用电量的比重高达 91.3％。2010—2021 年，澳门进口电量占全社会用电量的比重除 2010 年（72.1％）和 2017 年（73.0％）外，其余年份均超过 80％，2021 年高达 91.3％。2010—2021 年澳门电量平衡情况如表 2-6 所示。

表 2-6　　　　　　　2010—2021 年澳门电量平衡情况

项目	2010 年	2015 年	2020 年	2021
发电量（亿 kWh）	11	10	6	5
进口电量（亿 kWh）	28	41	49	52
全社会用电量（亿 kWh）	39	50	54	57
进口占比（％）	72.1	80.8	89.6	91.3

数据来源：澳门统计暨普查局

　　澳门用电以工商业用电为主。从售电量结构来看，澳门用电主体分为工商业场所、住户和政府机构等三类，其中工商业场所用电是澳门最大的用电主体。2021 年，澳门工商业场所用电量为 36.4 亿 kWh，占售电量的比重为 67%。2010—2021 年澳门电力消费构成如表 2-7 所示，2021 年澳门电量消费构成如图 2-11 所示。

表 2-7　　　　　　　　　**2010—2021 年澳门电力消费构成**　　　　单位：亿 kWh

项目	2010 年	2015 年	2020 年	2021 年
全社会用电量	39	50	54	57
自用及损耗	2.5	2.3	2.3	2.2
终端用电量	36.2	47.8	51.9	54.6
免费用电量	0.1	0.1	0.1	0.1
售电量	36.1	47.8	51.8	54.5
其中：工商业场所	—	36.2	33.6	36.4
住户	—	9.4	13.0	12.5
政府机构	—	2.2	5.3	5.6

注：1. 全社会用电量＝自用及损耗＋终端用电量。
　　2. 终端用电量＝免费用电量＋售电量。
　　3. 政府机构用电量指所有由政府付费的电表合同的用量总计，包括一般公共行政机构、城市公共照明、公营的医疗及教育机构等。

数据来源：澳门统计暨普查局

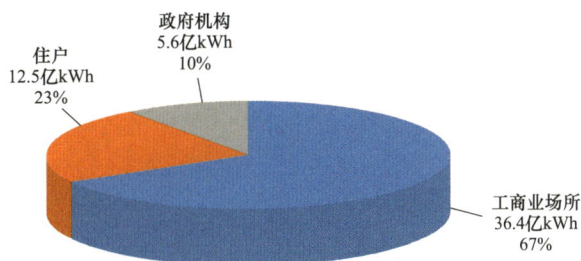

图 2-11　2021 年澳门电量消费构成

数据来源：澳门统计暨普查局

2.3 电源发展

2.3.1 电力供应整体情况

2.3.1.1 电力供应来源

粤港澳大湾区电力供应对外依存度较高。粤港澳大湾区电力供应来源包括区内电源、西电东送以及粤东、粤西、粤北地区送电。粤港澳大湾区本地电源供应不足，2021 年粤港澳大湾区全社会用电量 6201 亿 kWh，其中粤港澳大湾区总发电量约 3330 亿 kWh，区内电源发电量占粤港澳大湾区全社会用电量的比重约 54%；购西电电量 1893 亿 kWh，购西电电量占粤港澳大湾区全社会用电量的 31%。考虑区内电源以及西电东送的电量后，仍需要粤东、粤西、粤北地区送电约 978 亿 kWh，约占粤港澳大湾区全社会用电量约 16%。2021 年粤港澳大湾区电量供应占比如图 2-12 所示。

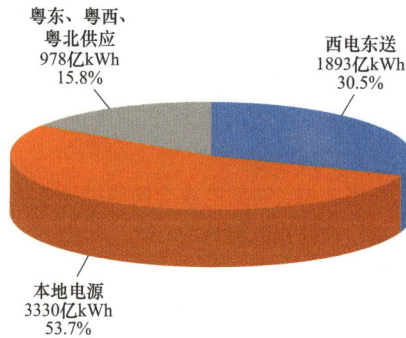

图 2-12　2021 年粤港澳大湾区电量供应占比

数据来源：《广东电网公司统计资料汇编》《广东电网有限责任公司数据资产清单》、香港政府
统计处、澳门统计暨普查局

2.3.1.2 电力供应构成

清洁能源电力供应占比超过一半。2021 年粤港澳大湾区电力供应中，区域内清洁电量供应约 1972 亿 kWh，清洁电量供应占比约 59%；西电东送电量中清洁电量占比约 76%，电量约 1432 亿 kWh；若考虑粤东、粤西、粤北地区送入粤港澳大湾区的清洁电力为零，2021 年粤港澳大湾区清洁能源

电力供应占全社会用电量比值已达 55%，超过全社会用电量的一半。2021年粤港澳大湾区电量供应构成如图 2-13 所示。

图 2-13　2021 年粤港澳大湾区电量供应构成

数据来源：《广东电网公司统计资料汇编》《广东电网有限责任公司数据资产清单》、香港政府统计处、澳门统计暨普查局

2.3.2　区内电源发展情况

2.3.2.1　区内电源装机

粤港澳大湾区电源装机容量稳定增长。2021 年底，粤港澳大湾区电源总装机容量为 9650 万 kW，同比增长 13.6%。其中，清洁能源装机总容量为 6243 万 kW，同比增长 15.3%，占总装机容量的比重为 64.7%，同比提升 0.9 个百分点。煤电、气电、水电、抽水蓄能、核电及新能源装机容量分别为 3406 万、3683 万、131 万、600 万、962 万 kW 和 866 万 kW，分别占总装机容量的 35.3%、38.2%、1.4%、6.2%、10.0% 和 9.0%。2010—2021 年粤港澳大湾区电源装机构成如图 2-14 所示。

新能源装机占比持续提升。2021 年底，粤港澳大湾区新能源装机容量866 万 kW，同比增长 24.8%，占总装机容量的比重为 9.0%，比 2010 年提升了 6.4 个百分点。陆上风电、海上风电、光伏、生物质及其他装机容量分别为 62 万、74 万、402 万、327 万 kW，分别占总装机容量的 0.6%、0.8%、4.2%、3.4%。2010—2021 年粤港澳大湾区新能源电源装机占比如图 2-15 所示。

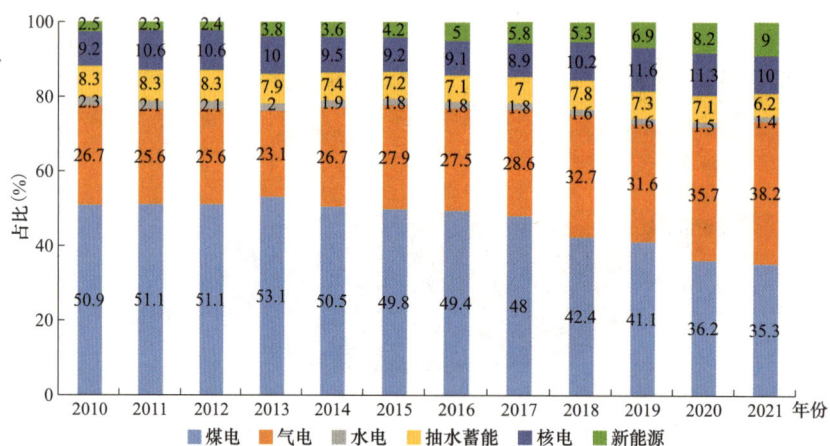

图 2-14 2010—2021年粤港澳大湾区电源装机构成

数据来源：《广东电网公司统计资料汇编》《广东电网有限责任公司数据资产清单》、香港
政府统计处、澳门统计暨普查局

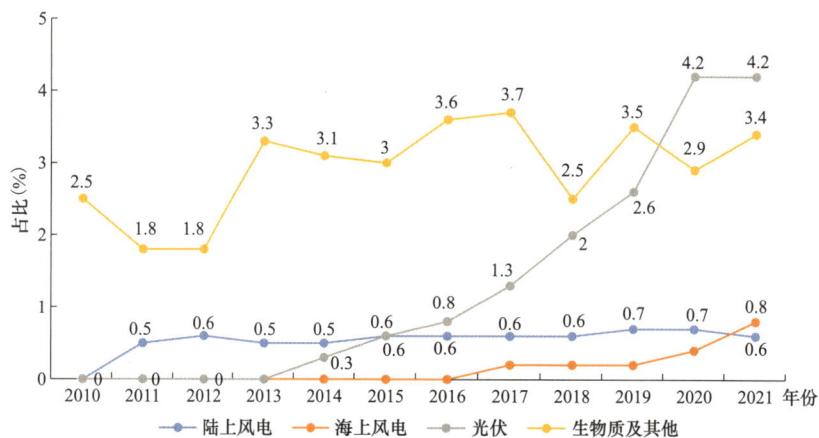

图 2-15 2010—2021年粤港澳大湾区新能源电源装机占比

数据来源：《广东电网公司统计资料汇编》《广东电网有限责任公司数据资产清单》、香港
政府统计处、澳门统计暨普查局

海上风电装机快速增长。自2018年粤港澳大湾区第一座海上风电—珠海桂山海上风电场投产以来，大湾区海上风电发展速度明显加快。2021年底，粤港澳大湾区海上风电装机容量74万kW，是2020年装机容量的2.5倍。其中，2021年4月投产的珠海金湾海上风电场总装机容量为30万kW，是大湾区目前最大装机容量海上风电场。海上风电的加快发展，对于粤港澳

大湾区能源结构转型、广东省推进能源革命、国家"双碳"目标实现都具有积极意义。

2.3.2.2　区内电源发电量

粤港澳大湾区电源总发电量有所提升。2021 年，粤港澳大湾区总发电量为 3330 亿 kWh，同比增长 7.9%。清洁能源发电量为 1972 亿 kWh，占发电总量的比重为 59.2%。其中，煤电发电量 1358 亿 kWh，占比 40.8%；气电发电量 928 亿 kWh，占比 27.9%；水电发电量 17 亿 kWh，占比 0.5%；抽水蓄能发电量 63 亿 kWh，占比 1.9%；核电发电量 749 亿 kWh，占比 22.5%；新能源发电量 214 亿 kWh，占比 6.4%。2010—2021 年粤港澳大湾区电源发电量构成如图 2-16 所示。

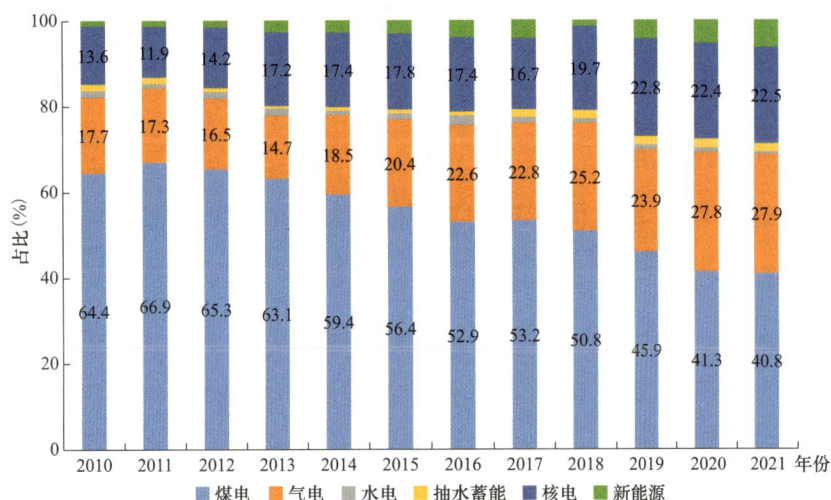

图 2-16　2010—2021 年粤港澳大湾区电源发电量构成

数据来源：《广东电网公司统计资料汇编》《广东电网有限责任公司数据资产清单》、香港政府统计处、澳门统计暨普查局

新能源发电量稳步提升。2021 年，粤港澳大湾区新能源发电量为 214 亿 kWh，同比增长 29%，占发电总量的比重为 6.4%，比 2010 提高了 5 个百分点。2010—2021 年粤港澳大湾区新能源发电量构成如图 2-17 所示。

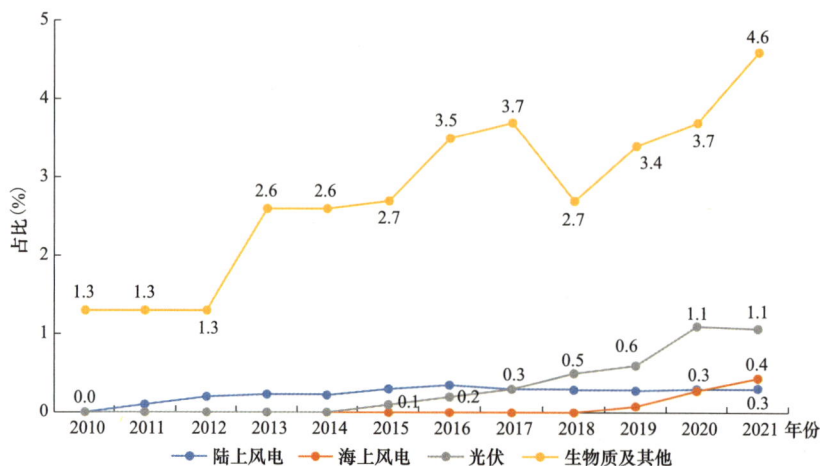

图 2-17　2010—2021 年粤港澳大湾区新能源发电量构成

数据来源：《广东电网公司统计资料汇编》《广东电网有限责任公司数据资产清单》、香港

政府统计处、澳门统计暨普查局

2.3.3　区外电力供应情况

2.3.3.1　西电东送供应

西电东送为粤港澳大湾区电力供应保障提供有力支撑。2021 年，粤港澳大湾区共接受西电东送最大电力 4508 万 kW，购入西电东送电量约 1893 亿 kWh（受端），占粤港澳大湾区全社会用电量的 31%，为粤港澳大湾区电力供应提供了有力保障。其中，云南送电 1168.5 亿 kWh，占比约 62%；贵州送电 373.1 亿 kWh，占比约 20%。2021 年粤港澳大湾区西电东送容量和电量明细分别如表 2-8 和表 2-9 所示。

表 2-8　　　　　**2021 年粤港澳大湾区西电东送容量**　　　　单位：万 kW

序号	合计	4508
1	云南合计	2850
2	贵州合计	800
3	天广直流	168
4	龙滩	210
5	三广直流	300
6	鲤鱼江	180

数据来源：南方五省区电力统计年报

表 2-9   2021 年粤港澳大湾区西电东送电量明细

序号	名称	送电量（亿 kWh）	占比（%）
1	天生桥送电	46.5	2.5
2	广西送电	23.5	1.2
3	云南送电	1168.5	61.7
4	贵州送电	373.1	19.7
5	三峡、鲤鱼江、桥口电厂送电	232.4	12.3
6	龙滩电站送电	48.6	2.6
	合计	1893	100

数据来源：南方五省区电力统计年报

2.3.3.2   粤东西北供应

粤东西北为粤港澳大湾区电力供应提供可靠补充。 2021 年底，粤港澳大湾区负荷 11 400 万 kW，区内电源实际可利用容量约 8200 万 kW，西电东送 4508 万 kW，考虑备用容量等因素后，仍需粤东、粤西、粤北地区向大湾区送电约 300 万 kW；受省内电源布局、区外电力及负荷分布影响，电力流向总体呈现"区外送入"，粤东、粤西、粤北三个电源基地向粤港澳大湾区送电的格局。

2.4   电网发展

2.4.1   电网发展整体现状

2.4.1.1   珠三角电网

截至 2021 年底，珠三角电网直流最高电压等级 ±800kV、交流最高电压等级 500kV，通过 10 回直流线路及 3 回 500kV 交流线路与中西部省区电网互联，珠三角范围内 500kV 主网架已形成内外双环网结构，依托广东 500kV 电网与粤东、粤西、粤北电网相联。

珠三角电网的交流电压等级包括 500、220、110、35、20/10kV 和 0.38

（0.22）kV。截至 2021 年底，珠三角电网共计有 500kV 变电站 47 座，其中开关站 1 座，500kV 主变压器容量 12 277 万 kVA，500kV 线路总长度 6979km；220kV 公用变电站 320 座，220kV 主变压器容量 17 532 万 kVA，220kV 线路总长度 15 962km；110kV 公用变电站 1387 座，110kV 主变压器容量 17 488 万 kVA，110kV 线路总长度 23 750km；35kV 公用变电站 42 座，35kV 主变压器容量 53 万 kVA，35kV 线路总长度约 1074km；20/10kV 线路 33 000 回，20/10kV 线路长度 23.6 万 km。

2.4.1.2　香港电网

香港电网的电压等级包括 400、275、132、66、33、11、0.38（0.22）kV，由香港中华电力有限公司（简称"中电"）和香港电灯有限公司（简称"港灯"）两大公司分区管理和运营。为了电力余缺互补、提高供电可靠性和减少应急备用容量，港灯与中电的供电系统在北角（港岛侧）与红磡（九龙侧）之间有 3 回 132kV 跨海电缆作为电力联络线，输送容量 3×24 万 kW。中电电网通过 4 回 400kV 线路及 7 回 132kV 线路与广东电网互联。

中电供电范围包括九龙、新界、长洲、竹篙屿、大屿山、喜灵洲、东平洲等一些离岛，供电区的面积约占香港地区总面积的 91％，最高电压为 400kV，骨干输电网为 400kV 双回路环网及 132kV 电网。截至 2021 年底，中电电网在运变压器容量共计 6748 万 kVA，237 座总变电站和 15 204 座副变电站；400kV 线路总长度 555km；132kV 线路总长度 1638km；33kV 线路总长度 22km；11kV 线路总长度 14 182km。

港灯主要负责给港岛、鸭脷洲、南丫岛以及蒲苔岛等地区供电。港灯电网经营范围主要为香港岛，电网最高电压 275kV，调度中心位于鸭脷洲，坐落于南丫岛的南丫电厂通过多回 275kV 的海底电缆与主网连接。截至 2021 年底，港灯输配电网变电站约 4100 座，电力线路总长度 6734km。

2.4.1.3　澳门电网

澳门电网覆盖澳门半岛、氹仔岛及路环岛全部区域，以及珠海横琴岛的澳门大学校区，由澳门电力股份有限公司运营，电压等级包括了

220、132、66、11kV 和 0.4kV，电网线路以 110、66kV 电缆为主。

截至 2021 年底，澳门电网在运 220/110kV 联网变电站 2 座，分别为鸭涌河站（5×18 万 kVA）和莲花站（5×18 万 kVA）。110/66kV 联网变电站 2 座，总容量 175 万 kVA；110/11kV 配电站 9 座，总容量 148 万 kVA。66/11kV 配电站共 19 座，总容量 206.2 万 kVA。220kV 鸭涌河站、220kV 莲花站之间通过多回 110kV 线路和 66kV 线路相互联系，并已形成 220kV 鸭涌河至莲花双回线路。

2.4.2 输电网和区内外联网发展

2.4.2.1 珠三角输电网

珠三角 500kV 电网逐步形成组团清晰、柔性互联主网架结构。珠三角主干网已全面建成 500kV 内外双环主网架结构，内部联系紧密。为消除"大面积停电风险管控困难、交直流交互影响严重、短路电流大范围超标"三大问题，根据"基于湾区外环的柔直互联"广东电网目标网架建设方案，2022 年 5 月建成投产粤港澳大湾区直流背靠背电网工程和 500kV 湾区外环中段工程，珠三角电网内部东、西之间利用柔性直流背靠背互联，进一步深化珠三角 4 分区组团供电格局。其中，珠西北供电片区主要覆盖广州北部、佛山北部及肇庆、云浮全市；珠西南供电片区主要覆盖广州南部、佛山南部及珠海、江门、中山全市；珠东北供电片区主要覆盖东莞全市、惠州中北部；珠东南供电片区主要覆盖深圳全市（包括深汕合作区）、惠州中南部。

2.4.2.2 珠三角与港澳联网

粤港互联、粤澳互联持续加强。珠三角通过 4 回 400kV 线路、7 回 132kV 线路与香港联网，协议送电规模 235 万 kW，约占香港最大用电负荷的 25%。"十三五"末，已全面完成 500kV 岭鲲甲乙线、500kV 岭深甲乙线、500kV 核惠线、400kV 核深线、220kV 湾岭线 7 回涉港涉核线路防风加固改造，对港供电保障能力持续增强，有力促进香港经济社会繁荣稳定发展。对澳联网方面，珠三角通过 6 回 220kV 电缆线路、4 回 110kV 电缆线路（处于备用）与澳门联网，近 10 年累计供电量占澳门全社会用电量比例超过 80%，2021 年达 91.3%。随着南方电网对澳门送电第三通道 220kV 烟北甲乙线的投产，将形成南、北、中三个通道，8 回 220kV 电缆对澳供电格局，送电能力大幅提升，可满足澳门中长期电力需求。

2.4.2.3　区外联网

（1）西电东送。2021 年，粤港澳大湾区西电东送受入规模维持 2020 年水平，中西部省区电网通过 10 回直流向粤港澳大湾区送电，包括 ±500kV 天广直流 1 回、±500kV 江城直流 1 回、±500kV 禄高肇直流（高肇段）1 回、±500kV 兴安直流 1 回、±500kV 牛从直流 2 回、±800kV 楚穗直流 1 回、±800kV 普侨直流 1 回、±800kV 新东直流 1 回、±800kV 昆柳龙直流 1 回；通过 3 回交流线路与中西部省区电网互联，包括梧罗 500kV 交流线路 1 回、贺罗 500kV 交流线路 2 回。

（2）广东省内联网。粤东、粤西、粤北地区是广东省重要的电源基地，已形成三个电源基地向珠三角粤港澳大湾区送电的格局。2021 年底，粤东地区建成小漠电厂和甲湖湾电厂"点对网"送电通道，以及 3 个"网对网"外送通道共 7 回 500kV 线路向珠三角东部地区送电；粤西地区建成博贺电厂、阳西 C 厂－鹅凰－卧龙、阳江核电－五邑（鳌峰）"点对网"送电通道，以及蝶岭－沧江双回、蝶岭－五邑双回共 4 回 500kV 线路向珠三角西部送电；粤北地区建成 3 个外送通道共 6 回 500kV 线路，以及清远抽水蓄能电站－花都 500kV 线路向珠西北地区送电。2021 年粤东、粤西、粤北地区"点对网"送电明细如表 2-10 所示。

表 2-10　2021 年粤东、粤西、粤北地区"点对网"送电明细

序号	电源名称	装机区域	送入区域
1	小漠电厂	粤东	珠东北
2	阳江核电	粤西	珠西南
3	清远蓄能	粤北	珠西北

序号	电源名称	装机区域	送入区域
4	甲湖湾电厂	粤东	珠东北
5	博贺电厂	粤西	珠西北
6	阳西C厂	粤西	珠西北

数据来源：《广东电网现状及地理接线图集》；南方电网"十四五"电网规划数据资料

2.4.3　配电网发展情况

2.4.3.1　珠三角配电网

珠三角配电网网架结构、接线方式和供电形式多样。珠三角配电网电压等级包括 110、35、20、10kV 及 380V。

高压配电网结构包括双回链式、不完全双回链式，部分为双回辐射式等典型接线形式及其他非典型的接线形式，并构成以 220kV 变电站为中心分片运行的模式，运行方式灵活，负荷转移能力强。

中压配电网结构包括 N 供一备、单环网、双环网、多分段单联络、多分段两联络、多分段三联络、辐射型等典型接线形式及其他非典型接线形式。珠三角主要城市中压伏配电网为满足用户需求与供电可靠性要求，正逐步改造为可靠性更高的双环网和"一供一备"的接线方式。在广州、深圳等地的部分智能电网示范区采用 220kV 直降 20kV 电压等级，构建 20kV 花瓣形闭环运行接线。

2.4.3.2　香港配电网

香港电网除极少数为架空线外，其余均为直埋式、专用缆沟敷设或专用隧道的电缆线路，132kV 高压配电网由多个环形结构组成，互相联络与备用。香港电网 11kV 配电系统为电缆环网，正常闭环运行。其中，中电电网已建成梅花形多环网络，实现二供一备、一供一备。

2.4.3.3　澳门配电网

澳门电网基本由地下电缆构成，以 110、66kV 电缆为主。2021 年底，澳门 110kV 配电变压器容量为 148 万 kVA，110kV 电缆线路长度 329km；

66kV 配电变压器容量 206.2 万 kVA，66kV 电缆线路长度 585km。为保证澳门电网安全供电，澳门 110kV 电网主要采用长期环网运行方式。

2.5 电力市场

2.5.1 电价水平

2.5.1.1 珠三角电价水平

珠三角核心区域输配电价水平较高。2021 年，珠三角地区电网按照《关于降低我省输配电价的通知》（粤发改价格函〔2019〕2729 号）相关要求执行，具体输配电价如表 2 - 11、表 2 - 12 所示。

表 2 - 11　　　　珠三角电网各价区输配电价表（不含深圳市）

价区	用电分类	电度电价（元/kW·h）					基本电价	
		不满1kV	10(20) kV	35kV	110kV	220kV	变压器容量	最大需量
							元/(kV·月)	元/(kW·月)
珠三角5市	大工业用电		0.1371	0.1121	0.1121	0.0871	23	32
	一般工商业用电	0.2344	0.2094	0.1844	0.1844	0.1844		
江门市	大工业用电		0.1371	0.1121	0.1121	0.0871	23	32
	一般工商业用电	0.2204	0.1954	0.1704	0.1704	0.1704		
惠州市	大工业用电		0.1077	0.0827	0.0827	0.0577	23	32
	一般工商业用电	0.2174	0.1924	0.1674	0.1674	0.1674		
东西两翼地区	大工业用电		0.0494	0.0244	0.0244	− 0.0006	23	32
	一般工商业用电	0.1521	0.1271	0.1021	0.1021	0.1021		

注：1. 表中电价含增值税、线损和交叉补贴，不含政府性基金及附加。
　　2. 珠三角 5 市包括广州、珠海、佛山、中山和东莞市；江门市的恩平市、台山市、开平市执行东西两翼地区的标准。

表 2-12　　　　　　　　　　　深 圳 市 输 配 电 价 表

用电类别			容量电价		电度电价（元/kWh）				
			变压器容量〔元/(kVA·月)〕	最大需量〔元/(kW·月)〕	10kV高供高计	10kV高供高计（380V/220V计量）	20kV	110kV	220kV及以上
工商业及其他用电（101～3000kVA）	每月每kVA用电	250kWh及以下	22	54	0.1804	0.2054	0.1744	0.1554	0.1304
		250kWh以上			0.1604	0.1854	0.1544	0.1354	0.1104
工商业及其他用电（3001kVA及以上）	每月每kW用电	400kWh及以下	32	42	0.1304	0.1554	0.1244	0.1054	0.0804
		400kWh以上			0.1104	0.1354	0.1044	0.0854	0.0604
普通工商业及其他						0.2385			

注：1. 上述输配电价含增值税、线损和交叉补贴，不含政府性基金及附加。
　　2. 3001kVA 及以上的工商业用户可选择执行大量用电或高需求用电类别。

峰谷分时电价进一步完善，峰谷价差合理拉大。根据广东省发改委《关于进一步完善我省峰谷分时电价政策有关问题的通知》（粤发改价格〔2021〕331 号），自 2021 年 10 月 1 日起，广东全省统一划分峰谷分时电价时段，其中高峰时段为 10～12 点、14～19 点；低谷时段为 0～8 点；其余时段为平段。峰平谷比价从现行的 1.65：1：0.5 调整为 1.7：1：0.38。同时，实施尖峰电价政策，实施范围与峰谷分时电价政策一致，不包括居民用户。尖峰电价执行时间为 7、8 月和 9 月 3 个整月，以及其他月份中日最高气温达到 35℃及以上的高温天。日最高气温以中央电视台每晚 19 点新闻联播节目天气预报中发布的广州次日最高温度为准，次日予以实施。尖峰电价每天的执行时段为 11～12 时、15～17 时共 3 个小时。尖峰电价在上述峰谷分时电价的峰段电价基础上上浮 25%。

珠三角广州、珠海、佛山、中山、东莞 5 市电价目录（2021 年 10 月 1 日执行）如表 2-13 所示。

表 2-13　　珠三角广州、珠海、佛山、中山、东莞 5 市电价目录

用电分类		基础（平段）电价	低谷电价	高峰电价
大工业				
基本电价	变压器容量［元/（kVA·月）］	23.00		
	最大需量［元/（kW·月）］	32.00		
电度电价［分/kWh（含税）］	1～10kV	61.04	23.20	103.77
	20kV	60.72	23.07	103.22
	35～110kV	58.54	22.25	99.52
	220kV 及以上	56.04	21.30	95.27
一般工商业电度电价［分/kWh（含税）］	不满 1kV	67.25	25.56	114.33
	1～10kV	64.75	24.61	110.08
	20kV	64.34	24.45	109.38
	35kV 及以上	62.25	23.66	105.83
	广州、佛山市地铁电价	57.55		
稻田排灌、脱粒电度电价		38.11		
农业生产电度电价		62.71		

数据来源：广东省发展改革委

2.5.1.2　香港电价水平

香港可再生能源上网电价与装机容量成反比。 2018 年香港《管制协议计划》实行以来，上网电价是推广分布式可再生能源发展的重要措施。已安装太阳能光伏或风力发电系统的用户，可以高于一般电费水平向电力公司售卖可再生能源发电电量。香港可再生能源上网电价如表 2-14 所示。

表 2-14　　　　　　　　香港可再生能源上网电价

装　机　容　量	上网电价（港元/kWh）
等于或小于 10kW	4
大过 10kW 但不超过 200kW	3
大过 200kW 但不超过 1MW	2.5

数据来源：《香港可再生能源网》

香港平均销售电价近 1.2 港元/kWh。 根据香港的售电量和销售收入，2015—2020 年香港平均销售电价水平在 1.1～1.2 港元/kWh 左右。2021 年平均售电水平稍有提升，为 1.25 港元/kWh 左右。2015—2021 年香港平均

销售电价如表 2‑15 所示。

表 2‑15　　　　　　　　　2015－2021 年香港平均销售电价

项目	2015 年	2016 年	2017 年	2018 年	2019 年	2020 年	2021 年
销售电量（亿 kWh）	439	441	438	442	448	441	458
销售收入（亿港元）	524	520	493	507	529	529	571
平均销售电价（港元/kWh）	1.19	1.18	1.13	1.15	1.18	1.20	1.25

数据来源：《香港能源统计 2021》

2.5.1.3　澳门电价水平

澳门电价根据专营合约规定可适时调整。 澳门电价根据专营合约规定的计算方式，2021 年 A、B 及 C 组客户的电力收费调整系数第一季度为 0.29，第二、三、四季度受燃油价格上升及汇率变化等因素有所上升。2021 年四个季度的电力收费调整系数分别为 0.29、0.35、0.35 和 0.35。

澳门平均售电价格约 1.3 澳门元/kWh。 2015－2021 年，澳门平均售电价格在 1.3 澳门元/kWh 左右波动。2021 年平均售电价格为 1.25 澳门元/kWh，同比增长 2.4%。其中，2021 年住宅客户净电价为 0.838 澳门元/kWh，与周边城市相比，高于珠海 0.791 澳门元/kWh 和香港（港灯）0.822 澳门元/kWh，低于香港（中电）1.022 澳门元/kWh。与世界主要城市比较，澳门住宅客户净电价电费价格较低（纽约 1.354 澳门元/kWh、东京 1.877 澳门元/kWh、悉尼 1.960 澳门元/kWh、伦敦 2.416 澳门元/kWh）。

此外，澳门特区政府于 2021 年继续推行为期一年每月 200 澳门元的电费补贴计划，已历 14 年，2021 年共有 23.2 万个客户受惠。2015－2021 年澳门售电价格如表 2‑16 所示。

表 2‑16　　　　　　　　　2015－2021 年澳门售电价格

项目	2015 年	2016 年	2017 年	2018 年	2019 年	2020 年	2021 年
售电量（亿 kWh）	47.75	50.31	51.64	53.13	55.4	51.8	54.4
售电收入（亿澳门元）	62.45	62.99	62.72	67.29	69.07	63.09	67.84
平均售电价格（澳门元/kWh）	1.31	1.25	1.21	1.27	1.25	1.22	1.25

数据来源：《澳门年报 2021》

2.5.2 市场建设

2.5.2.1 电力交易机构

珠三角电力市场活跃。 珠三角地区是我国电力市场改革的前沿阵地和试验田，共有两家电力交易机构，即广州电力交易中心和广东电力交易中心。其中，广州电力交易中心是经国家发展改革委、国家能源局批准成立的全国两个国家级电力交易机构之一，按照多家单位参股的公司制模式组建，注册资金 3000 万元，其中南方电网公司、广东省能源集团公司分别持股比例分别为 66.7％、9.3％，广西投资集团公司、云南省能源投资集团公司、贵州乌江能源投资公司、海南省发展控股公司持股比例均为 6％；广东电力交易中心是广东省电力市场业务的组织实施机构，履行电力市场交易管理职能。

珠三角地区参与电力市场主体逐年增多。 2021 年底，珠三角地区进入电力交易市场目录的市场主体共计 26 766 家，占广东省总数的 73％。其中，售电公司共计 434 家，以广州、深圳两地数量居多，占比达 72％；发电企业共计 80 家，以广州、东莞、深圳三地数量居多，占比约为一半；准入市场的电力用户高达 26 252 家，相比 2020 年增加了 9150 家。2021 年珠三角地区电力用户和售电公司市场准入情况如图 2-18 所示。

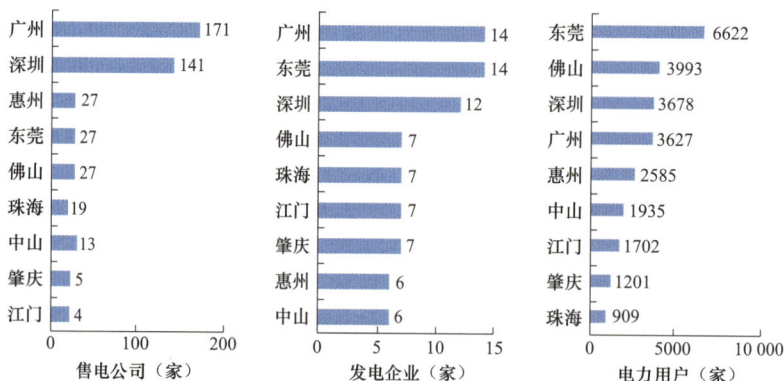

图 2-18 2021 年珠三角地区电力用户和售电公司市场准入情况

数据来源：《广东电力市场 2021 年年度报告》

香港、澳门沿用发输配售一体化运营模式。 香港由两家电力公司，即中华电力公司和香港电灯公司负责电力供应。两家电力公司均由投资者拥有，并以"垂直"的形式经营，提供从发电、输电到供电的全程服务，拥有各自的电厂、电网和供电区域。其中，中电为九龙、新界、大屿山及大部分离岛的人口提供电力服务，中电的业务营运受香港特区政府签订的管制计划协议所规管，协议明确了电力公司应有责任、政府监察其营运表现的机制，以及电力公司投资及回报水平。港灯自1890 年开始为香港供电，为香港岛及南丫岛客户提供安全、高度可靠而价格合理的电力服务，港灯在香港经营的发电、输配电、供电及客户服务受与香港特区政府签订的"管制计划协议"规管。

澳门电力供应全部由澳门电力股份有限公司（简称"澳电"）运营。澳门电力系统也是由一家公司管理发－输－配－用所有环节，实行政府许可下的垄断专营体制。澳电由多个股东组成，其中最大股东南光发展（香港）有限公司占 42%，第二大股东亚洲能源顾问有限公司占 21%。

2.5.2.2 电力市场建设

南方（以广东起步）电力现货市场连续不间断运行取得重大突破。南方（以广东起步）电力现货市场作为电力市场化改革的"广东样板"，通过持续优化现货关键机制，在 2021 年不断拉长结算周期，顺利实现试运行年内由"月度"向"连续"的过渡，相关研究成果获中国电力科学技术奖，成为国内首个获得电力行业最高级别技术奖励的电力市场类项目。

市场化交易方式有效保障电力可靠供应和电网稳定运行。广东电力交易中心用好国家关于燃煤价格上浮机制的政策要求，及时调整月度中长期交易单边降价让利机制，允许市场交易价格较燃煤基准价上浮最高 20%，实现了市场价格"能升能降"的重要突破。通过建立市场价格向终端用户动态疏导机制，将超出燃煤基准价部分的费用直接传导至终端用户，有效疏导发电成本。2021 年 11 月，重启现货试运行，通过现货全电量优化，最大程度提升了系统供给能力，发电侧非计划减出力由现货启动前约 1100 万 kW 下降至 300 万 kW 以下，保供稳价成效显著。

　　市场保障能力全方位提升，市场服务体系不断完善。广东电力交易中心编制发布《售电公司退出管理办法》《保底售电实施方案》，强化准入注册信息核验能力，建立企业管理员授权书、入市承诺线上签订新模式，依托"日核日固"，确保档案数据及时和准确。依托"交易 Wink"打造专属培训品牌，全年共开展 11 场次规则培训、累计培训市场主体 5 万人次。认真做好信息披露，提高市场运行透明度，加强微信公众号运营，2021 年累计推文 362 余篇，阅读量达 112 万次，推出电力市场小程序客户端，满足市场主体实时同步查看市场信息的需求。发布批发和零售合同模板，实现合同标准化、电子化签订，实现零售结算模式 100% 固化。推进服务热线升级改造，建立"一主一备"业务专线，全年累计接听热线 2.3 万宗，实现咨询快速应答。

　　电力交易机构独立规范运行积极推进。在没有成熟经验可以借鉴的情况下，广东电力交易中心创新性地编制了交易品种策划、交易组织、分析结算、交易系统管理等业务指导书修编 26 份，编制印发标准化交易规程，实现交易全流程规范化管理。同时加强风险管控，实现交易系统"三分离两独立"，新设立合规与风险控制部。

2.5.3　碳交易

　　2021 年，国家相继发布了《碳排放权交易管理办法（试行）》《碳排放权登记管理规则（试行）》《碳排放权交易管理规则（试行）》和《碳排放权结算管理规则（试行）》等政策文件，不断推进碳交易市场的建立。碳市场与电力市场相对独立，形成本质、管理运作等各不相同。但对电力企业来说，发电的同时伴随着碳排放，电力交易与碳交易存在一定关联，二者相互影响，碳交易短期内或将增加电力企业成本，但从长远来看，逐步调整能源布局对于电力行业至关重要，符合我国低碳绿色转型的发展要求。而碳交易将激励发电企业投资更加清洁的电源产业，促进发电企业技术进步，加强节能减排管理。

2.5.3.1 碳市场交易机构设置

珠三角地区主要碳市场交易机构是广州碳排放权交易中心（简称"广碳所"）。广州碳排放权交易中心的前身为广州环境资源交易所，由广州交易所集团独资成立，致力于搭建"立足广东、服务全国、面向世界"的第三方公共交易服务平台，为企业进行碳排放权交易、排污权交易提供规范的、具有信用保证的服务。广州碳排放权交易中心于 2012 年 9 月正式挂牌成立，是国家级碳交易试点交易所和广东省政府唯一指定的碳排放配额有偿发放及交易平台。

广东碳排放权市场于 2012 年在全国率先启动建设，2013 年 12 月正式开始运行。截至 2021 年底，广东碳市场已将占全省碳排放约 65% 的钢铁、石化、电力（现已纳入全国碳市场）、水泥、航空、造纸等 6 大行业约 250 家企业纳入碳市场范围。截至 2021 年底，广东碳排放配额累计成交量和金额分别为 1.997 亿 t 和 46.1 亿元，为建立全国统一碳市场做出有益探索。

2.5.3.2 电力市场与碳市场发展趋势

由于碳市场排放控制并不要求按照电力现货每日的时间精度同步结算，只要达到一定时间内的排放目标即可，因此碳交易价格不会由于电力短时供需关系或电力现货价格的变化而发生较大变化，价格波动更多体现在长周期尺度。考虑碳排放成本后，高排放的小机组收益下降甚至出现亏损，但也可以通过电力中长期市场中的发电权转让来抵消亏损、甚至增加盈利，大容量火电机组也能获得更高发电权收益。碳市场排放控制同时促进了电力市场的资源优化配置，推动实现全社会福利最大化。

企业进入碳市场后，可供交易的产品不仅是电力或电量，还包括富余的碳排放配额和自愿减排量。为适应电力现货市场和全国碳市场的发展，发电企业需要思考电力或电量交易与碳交易组合并实现效益最大化，在保证电力供应的同时履行排放配额指标，有必要时通过采取电厂技术升级改造、清洁能源发电技术等新技术实现减排目标，这将增加发电企业的技术成本和管理成本，进而影响电力现货市场中的报价行为，对电力现货市场的价格产生一定的影响。

随着碳减排政策的收紧，未来碳排放权将成为稀缺资源，火电发展空间逐渐压缩，碳价将逐步推高火电成本，促使发电企业转向投资新能源。再加上新能源抵消机制的出台（PHCER、CCER 等），将极大促进新能源装机的增长，电源结构和布局将进一步发生显著变化。因此，需要设计更加灵活的电力市场机制以促进新能源的消纳。目前，广东电力现货市场中已有较为完备的价格上下限参数机制。而全国碳市场正处于快速起步发展阶段，碳市场的价格水平将直接影响规模大小、流动性强弱等要素，也会影响不同市场间的价格传导效果。

第 3 章

粤港澳大湾区新型电力系统建设

创新引领
智力共享

为助力"双碳"目标实现，粤港澳大湾区着力优化能源结构和电源布局，积极推动安全、可靠、绿色、高效、智能的粤港澳大湾区新型电力系统构建。

3.1 安全

3.1.1 电力供应

2021年，粤港澳大湾区用电需求快速增长，电力供应形势持续紧张，广东省委省政府、南方电网公司、香港中电等企业关于做好粤港澳大湾区电力保障工作、服务经济社会发展提出了一系列工作部署和要求，通过政企协同、源网荷多侧共同发力，打出了电力保供"组合拳"。

能源电力供应有保障。2021年初，东莞樟洋B厂5、6号，悦湾电厂1～4号，蓝月电厂1、2号等气电机组陆续投产，为粤港澳大湾区提供清洁、可靠电力供应。2021年7月和9月，源和B厂3、4号两台100万kW机组先后投产，通过500kV电压等级并网后送电大湾区消纳，为电力供应保障提供了有力支撑。香港方面，为缓解因天然气用量增加而上调电价的压力，开拓多元化及具价格竞争力的液化天然气供应来源。2021年，香港海上液化天然气接收站完成全部9个支撑导管架和部分接收站上盖结构的海上安装工作，目标在2022年启用。2021年新投产的大湾区电力供应保障电源主要项目如表3-1所示。

表3-1　　2021年新投产的大湾区电力供应保障电源主要项目

新投产发电机组	地市	类型	容量（万kW）	投产时间	接入电压（kV）
樟洋B厂5、6号	东莞	气电	2×47.5	2021年1、4月	220
悦湾电厂1、2号	东莞	气电	2×49.7	2021年7月	220
源和B厂3、4号	河源	煤电	2×100	2021年7、9月	500
悦湾电厂3、4号	东莞	气电	2×48.7	2021年12月	220
蓝月电厂1、2号	东莞	气电	2×50.2	2021年12月	220

数据来源：《中国南方电网2021年调度年报》

电网项目建设强支撑。2021 年 5 月初,广东东莞 500kV 崇焕输变电工程投产,有效缓解珠东北负荷中心供用电紧张局面,为粤港澳大湾区提供更优质供电保障服务。5 月底,花都 500kV 变电站扩建主变压器工程投产,有效满足了广州北部负荷增长需要。同时,为了满足广州中南部负荷增长需要,提升中心城区电网安全可靠性,广州首座 500kV GIS 户内变电站——楚庭站投产,有效缓解广州 500kV 变电站布点不足,解决电网抵御极端事故能力不足等问题,为粤港澳大湾区经济社会发展提供世界一流的电力保障。9 月 24 日,江门 500kV 五邑变电站扩建主变压器工程投产,新增 1 台 100 万 kVA 的主变压器及配套无功补偿等设备,有力提升了大湾区内电力供应能力。9 月 30 日,500kV 阳西电厂 5、6 号机组接入系统工程和粤西 500kV 网架优化 I 期工程投产顺利投产,满足了阳西电厂、茂名博贺电厂、粤西海上风电等电力外送需要,开辟了粤西地区至大湾区负荷中心新的绿色送电通道,增强了粤西送电大湾区的电力保障能力。12 月 22 日,深圳第 8 座 500kV 变电站——屹百站投产,有效改善深圳东部电网结构,增强抵御大面积停电风险能力,为深圳龙岗、坪山、大鹏片区提供更为稳定可靠的供电保障。2021 年新投产的大湾区输变电工程主要项目如表 3-2 所示。

表 3-2　　　　　2021 年新投产的大湾区输变电工程主要项目　　单位:万 kVA

项目名称	地区	主变压器容量	投产时间
崇焕 500kV 输变电工程	东莞	2×100	2021 年 5 月
花都 500kV 变电站扩建主变压器工程	广州	1×100	2021 年 9 月
楚庭 500kV 输变电工程	广州	2×100	2021 年 5 月
五邑 500kV 变电站扩建主变压器工程	江门	1×100	2021 年 9 月
500kV 阳西电厂 5、6 号机组接入系统工程	阳江	—	2021 年 9 月
500kV 网架优化 I 期工程	粤西地区	—	2021 年 9 月
屹百 500kV 输变电工程	深圳	2×100	2021 年 12 月

数据来源:《中国南方电网 2021 年调度年报》

需求侧管理显成效。广东电网充分利用气象资源信息,滚动跟进气象形势,加强负荷趋势分析和供需形势研判,优先组织市场化需求响应,挖掘地方电源发电以及需求侧响应资源的潜力。按照"保民生、保公用、保重点"

要求，科学、精准、规范开展有序用电，有效缓解了 2021 年 4 月以来出现的电力供应紧张局面，特别是 9 月出现的一次能源供应短缺带来的电力供应缺口，保障了 10 月以后粤港澳大湾区电力供应。2021 年 9 月，广东省能源局、广东电网公司还共同发出《致全省电力用户有序用电、节约用电倡议书》，呼吁企业配合，全社会共同参与，切实保障全省电力有序供应。香港方面，为保障长期可靠的电力供应，中电与用户合作管理用电需求，为高峰用电时段减少用电提供奖励。7 月 27 日，因电力需求达到 748 万 kW 的新高峰，中电启动了高峰用电管理计划，当日超过 3 万户商业、工业和住宅用户参与计划并获得节能奖赏，成功把用电高峰需求减少了 7 万 kW。

3.1.2 电网安全

为支持新能源大规模发展，粤港澳大湾区新型电力系统以构建"合理分区、柔性互联、安全可控、开放互济"的主网架结构为目标，通过优化完善网架结构、加强运维管理等手段，消除基准风险，全面提升本质安全水平。

构建适应大规模新能源发展的坚强主网架。逐步推进广东电网实施基于 500kV 湾区外环的柔性直流互联的目标网架工程，解决粤港澳大湾区电网短路电流超标、交直流相互影响、大面积停电风险三大问题。2021 年，广东电网着力推进目标网架建设，提前建成投产 500kV 穗横甲乙线增容改造工程，有效解决了广州、东莞等核心地区短路电流超标和交直流相互影响稳定问题，提升广东电网东西断面电力交换能力。粤港澳大湾区柔性直流背靠背工程和粤港澳大湾区 500kV 外环中段工程建设稳步推进，均已在 2022 年中建成投产。其中，南通道柔性直流背靠背工程是世界首个具备交流联络线模拟功能、动态响应速度最快、具备超高速潮流翻转功能的背靠背直流系统，对实现大电网负荷中心短路电流控制、提高电网安全稳定支撑能力具有重要作用。

电力设备保障能力持续提升。围绕电网基准安全风险，粤港澳大湾区电网强化关键设备管控，深入实施设备差异化运维和规范化检修，持续做好防范变压器突发短路故障及开关拒动专项提升等工作，设备健康水平稳步提升。以深圳电网为例，围绕设备运行中的八大类 39 项风险，强化设备设施管理，严格开展安全生产专项整治和安全风险隐患大起底大排查大整治，网内率先完成Ⅰ、Ⅱ类风区输电线路及变电站防风加固工作，强化防风防汛、防山火、防外破等风险，并以风险可能造成的后果为导向，筑牢电网安全防线，全面完成深圳电网防范系统运行风险 33 项重点工作。2021 年，深圳电网 110kV 及以上变电设备、输电线路累计跳闸创三年新低。

自愈技术应用有效降低停电风险。珠三角城市大力推进配网线路自愈全覆盖建设工作，自愈线路数量增长迅速，供电可靠性显著提升，故障复电时间由"小时级"缩短至"分钟级"，对提高粤港澳大湾区城市电网安全稳定运行和供电可靠性具有重要意义。以广州电网为例，截至 2021 年底，广州配电网 6242 条公用馈线已实现自愈全覆盖，建成全国最大规模的自愈配电网，成为大湾区第一个实现公用馈线自愈全覆盖的城市。

坚强局部电网建设成效显著。为服务粤港澳大湾区国家重大战略，为深圳先行示范区和前海自贸区建设提供高质量的电力支撑，保障粤港澳大湾区电力安全供应，广州、深圳率先建设坚强局部电网，打造更加安全可靠输配电网，提供更强电源保障和增强重要电力用户自保能力。2021 年，国家能源局南方监管局组织对广州、深圳坚强局部电网开展安全评估工作，评估结果认可广州、深圳在国内率先基本建成坚强局部电网。

3.1.3　应急保供

粤港澳大湾区电力部门和相关企业高度重视电力应急管控工作，强化应急管理，有效防范台风袭击，保障要事、要时稳定供电，2021 年先后圆满完成庆祝建党 100 周年、中国共产党与世界政党领导人峰会等特级保供电任务。面对新冠肺炎疫情，通过密切跟踪电力供应形势，安排专人开展供电设备专项巡视工作，加强电力抢修力量配置，确保定点救治医院供电可靠性。

防风防汛工作持续推进。2021 年，"查帕卡""狮子山"和"圆规"等台风先后来袭，粤港澳大湾区内电力企业持续开展防风防汛安全检查，重点检查电力设备设施运行维护情况，易涝设备及危险边坡隐患排查和整治情况，做到险情早排查、早发现、早处理。建立大面积停电联合应急演练机制，积极参与政府专项应急演练，常态开展年度重要用户联合应急演练和防风防汛应急演练，确保各级人员在启动预警和应急响应时及时展开处置。

疫情防控用电全面保障。面对新冠肺炎疫情，粤港澳大湾区内电力相关单位部门一方面做好工作现场安全防护，另一方面直面高温、汛期极端天气多重挑战，确保电力供应安全可靠，为防疫战线保驾护航。以广州为例，为确保电力供应安全可靠，广州电力调度控制中心启动"广州市新冠肺炎疫情防控重要场所保供电集中监视"功能，工作人员实时监控重点客户保供电情况是否正常，如有相关需求可实时获知；为提升定点救治医院供电可靠性，保供电人员驻点相关的变电站开展巡查，守护好医院的供电端；为保障重要用户在疫情期间供电，工作人员深入全区各大保供电重要场所，为用户开展用电安全检查，全方位检查保供电负荷及线路情况，排查消缺，确保重要负荷供电万无一失。

3.2 可靠

3.2.1 供电可靠性

3.2.1.1 珠三角城市供电可靠性

2021 年，深圳、广州、佛山、珠海、中山、东莞 6 个城市停电时间均少于 1h，粤港澳大湾区和深圳先行示范区迈向"1h"可靠供电时代。近年来，珠三角城市完成了多个关键电源点的输变电工程和一系列保底电网项目，供电能力明显提升、防风抗灾能力显著提高，大大压缩了故障期间用户停电时间，供电可靠性持续领跑全国。广东电网公司和深圳供电局努力打造"本质供电可靠管理"领先标志，对标国际最高标准、最好水平，建立供电可靠性本质可靠机制，不断提升配网自动化水平。围绕用户停电感知，完善了基于长时停电、重复停电和低电压等涉及用户感知的指标体系。2021年，珠三角地区社会经济保持稳中向好的高质量发展，用电增势强劲，电力安全可靠供应有效保障。珠三角9市2021年供电可靠性如表3-3所示。

表3-3　　　　　　　　珠三角9市2021年供电可靠性　　　　　　　单位：%

地市	第一季度		第二季度		第三季度		第四季度	
	城市	农村	城市	农村	城市	农村	城市	农村
广州	100.000		99.999		99.998		99.992	
深圳	99.997		99.997		99.998		99.995	
珠海	99.999	99.999	99.999	99.999	99.998	99.998	99.998	99.998
佛山	99.997	99.997	99.996	99.995	99.993	99.991	99.995	99.993
东莞	99.996	99.997	99.995	99.994	99.994	99.993	99.986	99.987
惠州	99.990	99.990	99.990	99.990	99.985	99.974	99.968	99.946
中山	99.998	99.997	99.997	99.995	99.995	99.994	99.997	99.994
江门	99.998	99.990	99.997	99.985	99.996	99.982	99.984	99.959
肇庆	99.996	99.992	99.995	99.970	99.988	99.953	99.988	99.960

数据来源：中国南方电网公司网页

横琴粤澳深度合作区电网快速复电能力达"毫秒级"。 2021年，南方电网公司在横琴粤澳深度合作区规划建设了220kV直降20kV的电网网架结构，并在20kV电压等级的配电网层面采用了"双链环网格"接线，实现了配网"自愈"功能全覆盖，快速复电能力达"毫秒级"，为当地经济社会发展提供高质量的电力保障。

3.2.1.2　香港城市供电可靠性

香港城市供电可靠率稳居世界一流水平。 高效率、无间断的供电服务，是支撑香港作为国际金融中心地位的后盾。根据《香港中华电力公司2021年报》，中华电力公司连续多年维持超过99.999%的世界级供电可靠度，高于伦敦、纽约和悉尼等主要国际大城市。根据《香港电灯公司2021年报》，港灯公司供电可靠度连续两年维持在超过99.9999%的高水平，录得过去14年以来最低的用户平均电压骤降次数，用户非计划停电时间少于0.5min，自 2009 年以来连续 13 年维持在少于 1min 的水平。2021 年，港灯公司启用了 33 个新配电变电站或变压器配电箱，将 11 个配电变电站从 11kV 转为 22kV，以提高供电可靠度；启用了首台可并联操作的 360kVA 流动发电机，以加强应急准备；采用在线远程监控系统，透过早期检查和先进的检测技术识别潜在问题，确保及时维修或更换主要和次要设备。中华电力公司和香港电灯公司近 3 年供电可靠性指标如表 3-4 所示。

表 3-4　　中华电力公司和香港电灯公司近 3 年供电可靠性指标

供电公司	指　　　标	2019 年	2020 年	2021 年
中华电力公司	电力供应可靠度（%）	>99.999	>99.999	>99.999
	系统平均停电时间（h）	0.42	0.39	0.23
	客户非计划停电时间（min）	10.13	9.77	0.99
香港电灯公司	电力供应可靠度（%）	>99.999	>99.9999	>99.9999
	客户非计划停电时间（min）	0.6	0.3	0.3

数据来源：《香港中华电力公司 2021 年报》《香港电灯公司 2021 年报》。

3.2.1.3　澳门城市供电可靠性

澳门城市供电可靠率处于世界先进水平。根据《2021 澳电年报》，2021 年供电可靠性指标保持高水平，澳电平均服务可用指数（ASAI）为 99.9999%，与 2020 年持平，用户平均停电持续时间（CAIDI）为 6.68min，比 2020 年下降 0.05min，一直处于世界先进供电服务水平。澳门电力公司近 3 年供电可靠性指标如表 3-5 所示。

表 3-5　　　　　　澳门电力公司近 3 年供电可靠性指标

指　　　标	2019 年	2020 年	2021 年
电力供应可靠度（%）	99.9997	99.9999	99.9999
客户非计划停电时间（min）	0.67	6.73	6.68

数据来源：《2021 澳电年报》。

3.2.2　电压合格率

珠三角 9 市电压合格率维持高水平。2021 年，珠三角 9 市城市居民端和农村居民端电压合格率均高于 99.997%，供电质量达世界顶尖水平，助力用电营商环境持续优化。珠三角 9 市 2021 年城市居民端和农村居民端电压合格率统计如表 3-6 所示。

表 3-6　珠三角 9 市 2021 年城市居民端和农村居民端电压合格率统计

单位:%

地市	第一季度		第二季度		第三季度		第四季度	
	城市居民	农村居民	城市居民	农村居民	城市居民	农村居民	城市居民	农村居民
广州	100	100	100	99.999	100	99.999	100	100
深圳	99.999		99.999		99.999		99.999	
珠海	100	99.999	100	99.999	99.999	99.999	99.999	99.999
佛山	100	100	100	100	100	100	100	100
东莞	100	100	100	100	100	100	100	100
惠州	100	99.999	100	99.999	100	99.999	100	99.9982
中山	100	100	100	100	100	100	100	100
江门	100	100	100	100	100	100	100	99.999
肇庆	100	100	99.999	99.997	100	99.998	99.999	99.999

数据来源：中国南方电网公司网页

3.3　绿色

3.3.1　绿电供应

2021 年是"十四五"绿色低碳发展的重要开端，粤港澳大湾区电力发展以推动新型能源体系构建和绿色低碳发展为落实"双碳"战略的重点任务，大力发展海上风电，收紧碳排放限额，淘汰落后产能，煤电转为应急备用电源，构建新型电力系统，绿色电力供应体系，打造能源绿色转型发展先锋。

大力发展海上风电，清洁低碳能源供应持续增大。 广东电网充分发挥电网连接能源生产和消费的枢纽作用，实现可再生清洁能源资源大范围优化配置。截至 2021 年底，广东全省共有三峡阳江沙扒一～五期、华电阳江青洲三等 21 个海上风电项目实现机组接入并网，全年新增海上风电并网容量约 550 万 kW，全省海上风电累计并网总容量突破 650 万 kW，同比增长 545％。与此同时，广东电网加强新能源配套送出工程建设，确保海上风电项目"能并尽并"，实现资源的集约利用和最优配置，将海上"绿电"送往粤港澳大湾区消纳。

推动煤电退而不拆，转为应急备用电源。截至 2021 年 12 月底，按照《国家能源局关于下达 2021 年煤电行业淘汰落后产能目标任务的通知》（国能发电力〔2021〕54 号）要求，广东省能源局、广东电网公司会同佛山、东莞、江门、梅州市发展改革局对佛山南海长海电厂 1、10、11 号机组，东莞市三联热电有限公司 1、2、3、4、6 号机组，开平奔达纺织有限公司（新美）1、2 号机组，开平罗赛洛（广东）明胶有限公司电厂 1 号机组，蕉岭鑫盛能源发展有限公司 1、2、3、4 号机组进行关停核查，合计 52.75 万 kW。关停的煤电机组按照国家最新要求"退而不拆"，后续结合机组自身情况、电力供需形势和新型电力系统调节需要，按程序转为应急备用电源或报批拆除。

香港碳排放限额持续收紧，绿色电力进一步推广。自 2021 年起，香港政府实施了一套新的电厂排放限额，要求中电旗下电厂进一步减排 4％，较 2020 年相比减少 7％。为配合分布式能源和可再生能源的发展，中电公司推出上网电价支持政策和鼓励在屋顶安装太阳能系统。至 2021 年底，中电公司共接获超过 18 600 份申请，其中约 90％的项目已获批准，提供约 26.5 万 kW 发电容量。港灯公司积极推动以燃气发电机组取代燃煤发电机组，南丫发电厂 3 台全新燃气发电机 L10、L11 及 L12 依次在 2020、2022 年及 2023 年启用。同时，在南丫岛装设了南丫风采发电站 800kW，以及光伏发电系统 1100kW，2021 年共提供约 200 万 kWh 的绿色电能。

3.3.2 绿色电网

2021 年，粤港澳大湾区电网全力实施绿色低碳电网建设和评价，强化项目建设全过程生态环境保护，推动供应链全过程绿色低碳发展，切实提升新型电力系统基础设施绿色发展水平。

绿色发展理念融入电网建设规划。2021 年 6 月，广州 110kV 猎桥变电站投产，成为南方电网首个获得"LEED 国际绿色建筑认证金级"和"国标绿色建筑认证三级"双绿色建筑认证变电站。改变变电站传统观念，融入周边环境，有效提升城市空间品质。变电站电磁环境的工频电场实测值为 0.102V/m，远低于家用电熨斗的 120V/m，为有效解决传统变电站"邻避效应"问题，创造性给出湾区答案。深圳抽水蓄能电站设计和建设的所有环节均融入水保理念，水保设施同步设计、同步实施、同步投入使用，努力打造成与自然和谐共融的城市能源项目典范，获评"2021 年度国家水土保持示范工程"。2021 年 9 月，广州供电局在广州花都区建设投产广东首座零碳示范配电站，通过关键技术攻关，推动城市电网建设实现绿色高质量发展。全站采用绿色建筑材料，并在建设过程中使用全预制装配式配电站施工技术，实现施工现场"零加工"、施工"零排放"的目标。该变电站通过光伏、建筑一体化，不仅可以实现建筑自身设备用电的"自给自足"，还可以在特殊情况下反供上网，提升区域供电可靠性。

创新输变电设施运行期绿色治理。南方电网公司全面启动对周围存在环境敏感目标的 110kV 及以上城区变电站电磁环境和噪声三年普测工作，对噪声超标变电站进行安装电抗器底部隔震器、变压器室隔音门、高隔声屏障等方式的综合整治，推动环保治理技术创新。以广州 500kV 增城变电站为例，该变电站于 20 世纪 90 年代建成，投运接近 30 年，因后来建设的居民小区与其毗邻。为进一步降低增城站对居民生活的影响，2021 年，广州供电局制订了户外半包式声屏障的降噪方案优化变电站噪声问题。经治理，在敏感点整个声能量中，变电站噪声影响下降 44%。

3.3.3　电能替代

大力实施电能替代是构建新型电力系统的一大重要举措。2021 年，粤港澳大湾区积极搭建以电为中心的能源消费体系，将电能替代作为调整能源消费结构、助力防治大气污染的重要抓手，不断强化替代能力，拓展电能替代范围，推动清洁采暖、港口岸电等各领域电能替代工作，让能源使用更加便捷、绿色，推动社会经济绿色可持续发展。

珠三角电能替代持续深入推进。2021 年，广东电网积极引导能源消费低碳转型升级，加快"新电气化"进程，提升电能在终端能源比重，开展能效管理和节能改造，为客户提供节能合理化建议，制订个性化的节电建议书，带动客户优化用电习惯。在工业、交通、建筑、物流、港口和航运建设等重点领域加快推进电能替代。2021 年，广州供电局全年完成电能替代电量约 31 亿 kWh，推动广州市"交通强国"重点项目珠江游首批纯电动游船、时代广汽动力电池有限公司综合用能项目等多个电能替代项目落地，实现社会高效用能。东莞供电局完成可量化电能替代电量约 5 亿 kWh，完成规模以上项目 173 个，加强充电桩精准投资与规划布局工作，全年累计投运充电桩 1256 个，实现全局充电桩保有量翻倍；同时，开展管制类充电设施委托运营和运维，充电桩利用率同比提升 57%。惠州供电局推动伯恩光学有限公司建设电能替代项目，加快加大电锅炉项目的投产和改造，设备改造容量总计约 2 万 kW。江门供电局支持新会区沙堆镇金门工业园的广进铸锻公司对铸造、机加工、抛光、电镀等重要生产环节进行电能替代改造。

香港建筑工地用电、电动汽车持续推广。港灯公司"智惜用电服务"推动本地可再生能源发展，能源效益及节能成效理想并屡获殊荣，在环保促进会举办的"联合国可持续发展目标香港成就奖 2021"中荣获金奖和最具影响力奖。同时，2021 年，港灯公司推出"智惜用电建筑工地"服务，以电网供电取代柴油发电机，适时为建筑工地提供可靠电力服务，并支持发展商采用电池储能系统，以取得方便可靠的电力供应，满足塔式起重机等重型电力建筑设备的瞬间高峰用电需求。该服务不但有助于减少对建筑工地工人和附近居民造成的空气和噪声污染，同时也可以极大地减少整个建造期高达 60% 的碳排放。电动汽车推广方面，港灯公司推出了"智惜用电电动车充电方案"，协助用户申请政府推出的 20 亿元"EV 屋苑充电易资助计划"，以获取资助为私人住宅楼宇停车场安装电动车充电设施。中电公司于 2020 年 11 月推出"智易充 2.0"以来，截至 2021 年底，已为接近 10 000 个停车位的电动车充电基础设施提供设计、安装和管理服务。

3.4　高效

3.4.1　电力输送效率与节能

珠三角重点城市电力输送效率持续改善。广东电网公司、深圳供电局服务珠三角电力供应，在经营发展中加强线损管理，试点建立线损"日监测、周发布、月报告"业务流程，建立"省地管控、分类处置"的同期线损异常分析处理闭环管控体系，全面推广应用一、二级能效配电变压器，开展线损异常排查整治行动，提升线损精益化、信息化管理水平，做好线损管理。2021 年，广州线损率为 2.41，同比下降 0.1 个百分点；深圳线损率 2.38，与 2020 年基本持平。

超额完成 2021 年度节能监察任务。为推进节能减排，2021 年，广东省能源局开展了高耗能行业专项节能监察及非工业领域节能监察工作，推进广东省节能增效转型。其中，珠三角九市计划节能监察任务数 382 项，实际完成 708 项，超额完成年度工作目标。

3.4.2　供电服务

3.4.2.1　珠三角城市供电服务

珠三角供电服务满意度保持优秀水平。南方电网公司坚持以人民为中心的现代供电服务体系建设，在用电用能产品体系、前中后台组织架构、市场化运营机制、数字化转型方面积极探索实践，为用户提供可靠、便捷、高效、智慧的新型供电服务。根据《2021 年广东政府公共服务（供电）评价调查报告》，广东电网公司 2021 年供电服务满意度总体得分 84.56 分，连续 13 年排名全省 40 项政府公共服务满意度第 1。在广东电网公司服务的 20 个地市中，排名前三的地市供电局分别为中山供电局（86.57 分）、广州供电局（86.05 分）和佛山供电局（86.01 分）。

2021 年底，深圳供电局现代供电服务体系基本建成，服务"双区"建设，更好地满足现代化、国际化、创新型城市高质量发展用电需求。根据《2021 年广东政府公共服务（供电）评价调查报告》，深圳供电局 2021 年供电服务满意度得分 86.11 分，供电服务连续 11 年排名深圳市 40 项政府公共服务满意度第 1，"获得电力"指标自国家营商环境评价启动以来始终保持全国第 1。2019—2021 年珠三角供电企业供电服务总体满意度得分如表 3-7 所示。

表 3-7　　2019—2021 年珠三角供电企业供电服务总体满意度得分

排序	供电局	2019 年	2020 年	2021 年
一	广东电网公司	83.73	84.62	84.56
1	广州供电局	84.98	85.87	86.05
4	佛山供电局	85.20	85.43	86.01
3	东莞供电局	85.45	86.09	85.72
5	珠海供电局	84.81	85.98	85.66
2	中山供电局	85.56	86.51	86.57
8	惠州供电局	84.33	84.96	85.16
6	江门供电局	84.76	85.12	85.66
7	肇庆供电局	84.60	85.33	85.69
二	深圳供电局	85.13	86.01	86.11

数据来源：《2021 年广东政府公共服务（供电）评价调查报告》

新能源服务中心全力支持构建新型电力系统。 2021 年 9 月，广东电网公司成立南方区域首个省级新能源服务中心。定位是为服务政府做好新能源规划与政策的技术咨询，促进新能源科学发展和全社会资源集约利用，并面向新能源投资主体做好一站式服务的业务办理，实现新能源"能并尽并"。新能源服务中心的成立，是推动粤港澳大湾区构建以新能源为主体新型电力系统的重要举措，将为构建大湾区新型电力系统按下加速键。

3.4.2.2　香港供电服务

香港供电服务客户满意度维持在较高水平。中电公司 2021 年的客户满意度评分 73 分，与其他公共服务机构的评分基本持平。港灯公司 2021 年客户平均满意度 4.7 分（5 分制）。2019－2021 年香港供电企业客户满意度得分如表 3-8 所示。

表 3-8　　　　　　　　2019－2021 年香港供电企业客户满意度得分

供电公司	2019 年	2020 年	2021 年
中华电力公司（100 分制）	72	74	73
香港电灯公司（5 分制）	4.6	4.7	4.7

数据来源：《中华电力 2021 可持续发展报告》《香港电灯有限公司 2021 可持续发展报告》

3.4.2.3　澳门供电服务

澳门供电客户满意度创十年历史最高。自 1999 年起，澳电每年都会进行一次客户满意度调查，旨为明确客户的需求和期望，以改善和提升服务素质，以及对公司的服务表现进行记录和跟进，并根据调查结果和客户意见对服务流程进行调整。根据《2021 年澳电可持续发展报告》，2021 年澳电的客户满意度评分 89.54 分，为 10 年历史最高。2019－2021 年澳门电力公司客户满意度得分如表 3-9 所示。

表 3-9　　　　　　　　2019－2021 年澳门电力公司客户满意度得分

供电公司	2019 年	2020 年	2021 年
澳门电力股份有限公司	88.3	88.6	89.54

数据来源：《2021 年澳电可持续发展报告》

3.5　智能

粤港澳大湾区新型电力系统的智能化建设以实现传统电网数字化全面转型和智能化显著提升为目标，基于"云大物移智链"等技术深度融合创新应用，实现电力系统全环节具备智能感知能力、实时监测能力和智能决策水平，有力支撑电网数字化转型。

3.5.1 智能变电站

稳步推进智能变电站建成投产。智能变电站采用可靠、经济、集成、低碳、环保的设备与设计，以全站信息数字化、通信平台网络化、信息共享标准化、系统功能集成化、结构设计紧凑化、高压设备智能化和运行状态可视化等为基本要求，支持电网实时在线分析和控制决策，进而提高电网运行可靠性及经济性。2021年5月4日，南方电网首个500kV户内GIS变电站——崇焕变电站投产。该站以信息数字化、通信平台网络化、信息共享标准化为基本要求，采用智慧工地平台、"云大物移智＋BIM"等先进技术手段，全力打造南方电网高效、节能、绿色的500kV户内智能数字化变电站。同时，该站也是南方电网首次采用配电设备户内设计的500kV变电站，是南网范围内占地面积最小的500kV变电站和南网首个新一代500kV智能数字化变电站。5月8日，广东电网惠州供电局首座220kV智能变电站——220kV巨力（新桥）变电站投产，该工程位于惠州市惠阳区，投产后将极大释放220kV秋长站、风田站、太福站和联丰站的供电压力，为伯恩光学（惠州）、胜宏科技（惠州）等大型工业项目以及一大批商贸、物流项目落地建设提供有力的电力保障。

2021年12月22日，深圳首座500kV智能变电站屺百（坪山）站投产，该智能变电站是首座采用装配式钢结构厂房的变电站、首座采用BIM技术开展基建管理的变电站、首座可实现主设备三维数字化移交的变电站。同时，该站也是深圳首座使用了模拟量采样和光缆跳闸方式等数字化技术的500kV变电站。

3.5.2 数字化运维

设备状态云诊断系统投入应用。设备状态云诊断系统基于物联网架构，综合应用云技术、智能传感和机器学习等研究成果，采用固定式智能传感器和便携式智能检测相结合的新模式，搭建设备状态快速采集及云诊断平台，通过建立"大感知网"实现了数据的智能处理和设备运行状态的全方位监测。2021 年，该系统在广东电网佛山供电局投入应用，实现了设备状态监测的数字化和智能化，极大地降低了运检难度和工作量，解决了传统模式信息来源单一、过度依赖人工等问题，以"数字＋智能"方式实现"状态早知道，故障早预报"。

人工智能在电力运维中得到深入应用。在 2021 年，港灯公司将人工智能应用在港灯中心的"重新校验"研究和南丫发电厂燃气机组的负载经济调度等领域。在"重新校验"研究中，运用了"XGBoost"的机器学习算法，利用人工智能模型模拟港灯中心的水冷式空调系统，校验在不同冷却水供水温度下的能源广泛利用人工智能消耗情况，从而设定最佳冷却水供水温度。为配合南丫发电厂"由煤转气"实施，并进一步改善系统运营，利用人工智能研制出一个内部自动化程序，以加强南丫发电厂燃气机组的运行机制。这个程序能有效降低燃煤消耗量和提高燃气发电比例，有助减少碳排放，同时可应付不同的系统性需求。同时，在南丫发电厂使用 LoraWan 和蓝牙等物联网感应器，监测发电机组的运作。物联网感应器普遍为无线设计且易于安装，与传统有线感应器相比能大幅降低安装时间和成本。

香港智能电表持续推广应用。至 2021 年底，中电公司已为客户安装超过 120 万个智能电表，智能电表让公司更了解客户的用电模式，提供更适切的产品和服务，以切合客户的需要。港灯公司持续引入先进电表基础设施（AMI）和安装智能电表，在 2021 年底前已按计划为客户安装逾 12 万个智能电表。港灯客户可利用 AMI 所提供的一系列全新数字化服务提升能源效益，在 2021 年推出新的"网上通"网页和手机应用程序，智能电表应用既可省却抄读电表所需的人力，更能进一步确保数据的准确度，有助提升香港供电的营运效率。

第 4 章

粤港澳大湾区电力发展热点

4.1　电力供应

电力供应方面，粤港澳大湾区加快风光等新能源项目建设，建成投产大湾区最大规模海上风电——珠海金湾海上风电场、单体连片规模最大的渔光互补项目等，同时探索以氢能为主体的综合能源站建设，推进大湾区电力供应绿色低碳转型。

（1）粤港澳大湾区最大规模海上风电全容量并网。2021 年 4 月，广东珠海金湾海上风电场全部 55 台风机实现并网发电，成为粤港澳大湾区目前最大装机容量海上风电场。珠海金湾海上风电场如图 4-1 所示。

图 4-1　珠海金湾海上风电场

图片来源：广东省人民政府国有资产监督管理委员会网站

珠海金湾海上风电场工程建设地点位于广东省珠海市金湾区三灶镇南侧海域，建设总装机容量为 30 万 kW，由广东粤电珠海海上风电有限公司负责开发建设。2018 年 5 月，珠海金湾海上风电场项目（30 万 kW）获得珠海市发展和改委局核准批复；2018 年 12 月，正式进入施工阶段；2020 年 11 月，金湾海上风电场工程首台机组并网发电，创造了广东省第二批启动建设的重点海上风电项目中核准最快、开工最早、最先并网的纪录，2021

年 4 月实现了全容量并网投产。

珠海金湾海上风电场工程共安装 55 台单机容量为 5.5MW 国产半直驱抗台风型海上风力发电机组，该风机产品技术和装备核心关键部件国产化率达 95％以上，可有效抵御 17 级台风的袭击。同时，配套建设一座 220kV 海上升压站及陆上集控中心，风电机组通过 35kV 海底电缆线路连接到 220kV 海上升压站，经过 2 回 220kV 海底电缆输送到金湾区三灶镇沿岸登陆入集控中心，随后就近接入珠海电网。

该项目的建设适应粤港澳大湾区能源转型的需求，是实现粤港澳大湾区高质量发展和绿色发展的有力举措。项目投产后，每年可提供清洁电量约 7 亿 kWh，按每千瓦时电量消耗 300g 标准煤、1g 标煤碳排 2.62g 测算，相当于减少二氧化碳排放约 55 万 t，节能减排效果显著。该项目对优化粤港澳大湾区能源结构和布局，建设清洁低碳、安全高效的能源供给体系具有重要意义，为助力"双碳"目标顺利实现提供有力支撑。

(2) 全球最大"厂房屋顶"光伏发电项目发电量突破 3.5 亿 kWh。 作为格兰仕在 2015 年启动的光伏发电项目，格兰仕光伏发电项目自 2015 年 10 月至 2021 年 12 月，累计发电量超 3.5 亿 kWh，有力支持了粤港澳大湾区的绿色发展，为推动新能源发展和新型环保节能技术做出了有益探索。

格兰仕光伏发电项目位于广东省中山市黄圃镇的格兰仕中山基地，自 2015 年下半年起投入运行，装机容量 54MW，是目前全球最大单厂区分布式光伏发电项目，也是广东中山地区第一个投运的 10kV 光伏发电项目，所发电量约占厂区用电量近 1/3。该项目充分利用了格兰仕 65 万 m² 厂房屋顶资源，建设光伏发电设施，采用"自发自用、余电上网"的模式，每年可为格兰仕生产基地提供 5230 万 kWh 清洁电力，节能减排效果十分显著。至 2021 年底，项目已供应清洁能源超 3.5 亿 kWh，按每度电消耗 300g 标准煤、1g 标煤碳排 2.62g 测算，相当于减少二氧化碳排放超 27 万 t，有效降低企业厂房能耗。

(3) 粤港澳大湾区单体连片规模最大的渔光互补项目首期并网。 2021

年 12 月，广东省台山市海宴镇 50 万 kW 渔业光伏发电项目首期工程（20 万 kW）成功并网发电，第二期 30 万 kW 渔光互补项目预计于 2022 年内投入运行，项目全容量投产后将成为粤港澳大湾区单体连片规模最大"渔光互补"一体化项目。

该渔光互补项目由广州恒运集团与中国能建广东院共同投资建设，占地面积约 6500 亩，"上可发电，下可养鱼"的发电模式不仅提高土地利用率，还有助于地区经济的发展。全容量并网后，每年可提供约 5.4 亿 kWh 清洁电能，按每千瓦时电量消耗 300g 标准煤、1g 标煤碳排 2.62g 测算，相当于减少二氧化碳排放约 42 万 t，将大力推动粤港澳大湾区能源绿色发展。

(4) 粤港澳大湾区首座综合加能站正式投营。2021 年 12 月，粤港澳大湾区首座综合加能站——中国石化广东广州东明三路综合能源服务站投入运营。

该综合能源服务站由恒运集团携手中国石化共同开发建设，项目位于广东省广州市黄埔区，占地面积约 4200m²，集加油、加氢、充电、光伏发电、非油品等多种功能于一体。站内共设置加氢机 2 台，240kW 直流充电桩 2 台，布局分布式光伏发电装置 100 多 m²，预计年发电量 1.1 万 kWh，光照充足时可以实现"自发自用，余电上网"。该项目的建设是贯彻绿色低碳理念，构建城市绿色综合能源站的重要体现，将促进粤港澳大湾区绿色清洁能源产业快速发展，助力"双碳"目标实现。

4.2　电网建设

电网建设方面，粤港澳大湾区逐步加强网架建设，建成全国首个获权威认可的坚强局部电网，投产粤港澳大湾区 500kV 外环中段工程、柔性直流背靠背电网工程，推进对澳供电第三通电项目建设，提升电网安全稳定水平。此外，探索电网智能化示范工程建设，建成"六站合一"直流微电网、交直流混合系统示范工程，推动超导电缆、零碳配电站建设，提升大湾区电网智能化水平。

（1）深圳建成全国首个获权威认可的坚强局部电网。 2021 年 3 月，深圳中心区 220kV 福华变电站建成投产，标志着深圳基本建成坚强局部电网，建成后深圳电网可抵御 50 年一遇的强台风，实现国家能源局提出的"全市重要用户保安负荷在严重自然灾害下不停电，非保安负荷停电时间力争不超过 2 小时"的建设目标，同时极大提升了对港供电保障水平。

2021 年 12 月，国家能源局南方监管局组织对深圳坚强局部电网进行现场安全评估，以 3 位中国工程院院士为首的专家组经过鉴定一致认为，深圳坚强局部电网整体达到国内领先水平，在输变电设备智能化建设、配电网不停电作业、配网自愈技术、电力设备自主安全可控的研究应用技术创新领域达到国际先进水平。深圳成为全国首个经能源监管部门、行业专家认可的，基本建成坚强局部电网的城市。

深圳坚强局部电网的建设从"电源－电网－用户"三方角度，打造了"防灾－减灾－救灾"的综合保障体系。在网架建设方面，投资 50 多亿元新建布局保障电网工程 11 项，完成了 7 座核心变电站的建设，确保每个城市中心均由独立 500kV 变电站供电，并与相邻 500kV 供电区联络，构筑了"相对独立，结构清晰"的坚强局部电网，打造大电网层面快速复电的通道。在提高沿海强风区保底架空线路设防标准方面，新建的沿海强风区内 500kV 线路均按 100 年一遇气象重现期确定设计标准；新建的沿海强风区内 220kV 和 110kV 线路，均按 50 年一遇确定设计标准；线路杆塔基本具备抵御 15 级上限台风灾害能力。对强风区已有的 7 回涉港涉核线路、123 座变电站、311 回输电线路进行了加固改造。在大面积停电联合应急演练机制建立方面，积极参与深圳市专项应急演练，推动全市重要用户完成自备应急电源配置，同时配置了 100 余台应急发电车（机），移动容量可以实现对全市重要用户保安负荷的全覆盖。

（2）粤港澳大湾区首个"六站合一"直流微电网示范工程投运。 2021 年 4 月，广东东莞 110kV 巷尾站多站合一直流微电网示范项目正式投运，标志着粤港澳大湾区首个"六站合一"直流微电网示范工程落地投产。该直流微电网工程位于东莞市松山湖片区大朗镇，是在原有 110kV 巷尾变电站的基础上，充分利用闲置土地及屋顶面积，融合建设移动储能站、电动汽车充电站、数据中心站、光伏发电站和 5G 通信基站为一体，构建了绿色低碳的"微生态圈"，综合能源转换效率达 95％，为助力碳达峰、碳中和提供了创新项目示范应用。

"微生态圈"中，绿电供应为停车棚顶的分布式光伏，北侧车棚采用单晶硅光伏组件，南侧车棚采用光伏薄膜，分布式光伏以"自发自用，余电上网"的方式运行。柔性充电堆采用矩阵式功率分配技术，可将充电主机中的任何一个整流模块分配到任何一个充电终端上，同时基于充电桩的控制，还可让电动汽车参与电网需求侧响应，形成"车网互动"。该项目应用具有源网荷储交直功能的新型电力设备，通过计算机监控及能量管理系统，综合协调微电网内的光伏发电单元、储能单元、柔性充电堆单元，优先保障绿色能源就地消纳，推进微电网清洁低碳运行；同时，采用新一代 5G 通信技术实时灵活调控移动储能单元，为地区重要负荷提供可靠电源保障。110kV 巷尾站多站合一直流微电网示范项目如图 4-2 所示。

图 4-2　110kV 巷尾站多站合一直流微电网示范项目

图片来源：广东东莞供电局《2021 年社会责任报告》

（3）粤港澳大湾区建成全国首个多用能场景、多机集群交直流混合系统示范工程。 2021 年 9 月，国家重点研发计划"交直流混合的分布式可再生能源关键技术、核心装备和工程示范研究"项目在广东东莞通过示范工程现场运行检查。该项目示范工程在全国首次建成了安华数据中心、易事特工业园区、东莞理工学院办公生活园区多用能场景的交直流混合示范工程，实现了高比例分布式能源高效接入和源网荷储灵活互动需求。

该项目包含风力发电、光伏发电、太阳能热发电及热利用、储电、储热等多类型分布式可再生能源，系统总容量达 5.18MW，直流负荷占比达 54％，可再生能源占比达 65.8％。该项目攻克源网荷储因多样性、时变性、分散性和参数不确定性匹配难题，突破高渗透率分布式新能源高效接入交直流混合系统集群组网技术，实现了分布式新能源、装备与系统的高度融合，为新一代交直流混合电网发展提供了解决方案。

该项目首次提出并应用了基于电力电子变压器集群的配用电双级、交直流混联的网架结构，推动配电网向集群组网、多维可控、源荷互动的新型交直流混合方向发展；提出了基于电力电子变压器的协调控制策略、集群优化控制策略以及多能互补潮流优化运行策略，形成了多层级、多时空尺度、多能协调的控制架构；首次示范应用了共直流和共高频交流母线的两种电力电子变压器，运行最高效率达 98.27％，推动交直流关键设备由"多种设备组合"向"多功能集成应用"方向发展，推动交直流混合配用电技术广泛应用及更多工程落地，助力大湾区城市能源转型，带动智能电网的进步和发展。

（4）粤港澳大湾区首座零碳示范配电站在广州花都投产。2021 年 9 月，大湾区首座零碳示范配电站在广州花都区投产。该配电站全站采用了绿色建筑材料，并在建设过程中使用了全预制装配式配电站施工技术，实现施工现场"零加工"、施工"零排放"。同时，配电站建设了光伏、建筑一体化设施，实现了建筑自身设备用电的"自给自足"，特殊情况下光伏剩余电量反供上网，有效地提高了能源利用率。

零碳配电站建设基础材料采用可以循环利用的粉煤灰、混凝土，在不影响建筑功能的前提下，实现了工业固体废物再利用。此外，"零碳配电站"通过在墙体中加入保温隔热层，从而达到隔断热传递的作用。并且在建筑外墙加装遮阳板（穿孔铝板）外涂热反射涂层，遮阳板在太阳光照射下可产生温度调节的效果，有效地减少了热交换，降低了能源消耗。

零碳配电站的光伏、建筑一体化设施安装于屋顶及外墙一侧，采用碲化镉薄膜光伏电池板，光伏屋顶倾斜14°安装，可获得最佳的光照角度，发挥光伏电池板的最大效率，并有利于屋顶面积尘被雨水冲刷洗净，避免降低光伏发电效率。同时，光储一体系统配置利用光伏发电资源补充配电房用电，提高变压器供给效率。广州花都零碳示范配电站如图4-3所示。

图 4-3　广州花都零碳示范配电站

图片来源：广州供电局《2021年社会责任报告》

（5）全球首个应用于超大型城市中心区的超导电缆在深圳投入使用。2021年9月，我国首条自主研制的新型超导电缆在深圳投入使用，这也是全球首个应用于超大型城市中心区的超导电缆，为全球解决超大型城市高负荷密度区域供电问题提供新方案。

该条新型超导电缆直径仅17.5cm、长400m，输电容量高达4.3万kVA，相当于可同时满足4列350km/h速度高铁的用电需求，实现以5倍于常规电缆的输电能力。本次研制投产的超导电缆，采用三相同轴构型，为结构型式最紧凑、带材用量最少、研发难度最大的超导电缆。项目攻关团队历经4年时间，通过自主创新，在超导电缆系统总体设计制造、国产大冷量

GM 制冷机研制等多项关键技术上取得重大突破，实现关键装备 100％国产化，填补了国内技术空白。深圳超导电缆安装调试过程如图 4-4 所示。

图 4-4　深圳超导电缆安装调试过程

图片来源：南方电网深圳供电局

（6）粤港澳大湾区柔性直流背靠背电网工程投产。 2022 年 5 月，世界上容量最大、首次在电网负荷中心实现分区互联的柔性直流背靠背电网工程在粤港澳大湾区建成。对实现大电网负荷中心短路电流控制、提高电网安全稳定支撑能力具有重要作用，显著提升粤港澳大湾区电网的电力供应和配置能力。

粤港澳大湾区直流背靠背工程分别在广州增城、东莞沙田各新建一座柔性直流换流站，将粤港澳大湾区电网一分为二，形成两个"背靠背"的独立电网。工程建成后，在大湾区内部区域出现故障，可以快速隔离，将停电控制在小区域，确保大湾区电网在极端情况下具备分片独立运行能力，有效避免发生大范围停电事故。

作为广东电网目标网架建设的重要组成部分，大湾区直流背靠背工程运用世界上最先进的新一代柔性直流背靠背技术，实现分区互联，具备异同步联络等世界领先功能。工程建设中首次采用柔直变压器水冷却、户内布置的设计方案，降低能耗，实现了全站噪声小于 48.5 分贝。值得一提的是，广州增城换流站首次实现工程应用绝缘栅双极型晶体管（IGBT）器件国产化

比例大幅提升至 50%，彻底解决以往工程中 IGBT 进口依赖的难题。工程
总投资约 99 亿元，历时两年建设完成，带动上下游产业链投资约 80 亿元。
粤港澳大湾区柔性直流背靠背电网工程如图 4-5 所示。

图 4-5　粤港澳大湾区柔性直流背靠背电网工程

图片来源：广州供电局《2021 年社会责任报告》

（7）粤港澳大湾区 500kV 外环中段工程正式投产。 2022 年 5 月，粤港
澳大湾区 500kV 外环中段工程正式投产送电，该工程是贯彻落实国家粤港
澳大湾区发展规划以及"一核一带一区"区域发展新格局等重大战略的具体
实践，是提升广东东、西部电力互济能力的关键工程和广东目标网架的核心
组成部分。

工程范围包括新建 500kV 珠东北开关站、清城至珠东北线路、上寨至
博罗开断接入珠东北站、清城站扩建间隔工程等，工程输电线路大规模应用
了覆冰在线监测、防山火、绝缘子污秽监测、分布式故障定位、云台球机/
枪机视频监测等各类在线监测装置，可实时采集、监控线路运行数据，提升
线路巡检管理效率。工程投产后将打通大湾区外环 500kV 电网主干通道，
为粤港澳大湾区高质量发展、"双碳"目标实现提供坚强电力保障。

（8）南方电网对澳供电第三通道项目完成耐压试验。 2022 年 5 月，中

国南方电网有限责任公司对澳门送电第三通道 220kV 烟北甲乙线成功通过电缆交流耐压试验，标志着南方电网对澳供电第三通道项目电缆设备基本具备投产条件。

粤港澳大湾区中粤澳联网线路主要包括北通道珠河甲乙丙线、南通道琴莲甲乙丙线共 6 回 220kV 主供线路，拱澳甲乙线、南澳甲乙线等 4 回 110kV 备用线路。对澳送电第三通道项目由珠海 220kV 烟墩站、澳门 220kV 北安站及两站之间长约 10.4km 的电缆线路组成，于 2018 年 3 月开工建设，工程位于珠海横琴岛，通过马骝洲、汇金湾、十字门直接输送至澳门。第三通道项目投产后，南方电网公司送电澳门的输电通道将由南北"两车道"变成南中北"三车道"，对澳输电容量大幅增加，形成 8 回 220kV 线路主供和 4 回 110kV 线路备用的"8+4"对澳供电局面，可满足南方电网公司与澳门特区政府电力合作框架协议约定的澳门中长期电力电量需求，对确保澳门电力供应、电网安全运行，促进两地合作以及粤港澳大湾区的发展具有重要意义。

4.3 电能存储

电能存储方面，投产广东梅州、阳江两座百万千瓦级抽水蓄能电站，推动储能参与调频辅助服务，有效增强大湾区新型电力系统调节能力。

（1）珠海电厂储能调频项目正式投产。2021 年 7 月，珠海电厂储能调频项目顺利通过 30 天连续试运行，标志着该厂储能调频项目正式进入商业运营阶段。

珠海电厂储能调频项目设计容量为 21MW/10.5MWh，采用一拖二形式接入 1、2 号机组，可实现储能系统与 1、2 号机组联合 AGC 运行模式间的互锁和切换功能。2020 年 12 月项目开工建设，推动储能调频项目的有力有序高效开展，仅用 5 个月时间完成了现场施工和设备安装，创下了广东电网区域储能项目施工安装用时最短纪录。在系统性能试验及涉网试验阶段，1个月时间内相继完成了储能系统性能试验、一次调频试验、新增储能后的2号机组PSS试验、AGC试验、储能系统联合2号机组8h连续调频测试、72h连续计划曲线等重要节点，于6月1日晚开始30天的连续试运期。

储能调频项目试运行过程中，通过有效收集分析每日综合调频性能指标，不断调整优化储能系统控制策略及参数设置，综合调频性能指标、调频里程及调频里程收益都有了阶跃式突破，每日调频收益可达20余万元。此外，储能项目的顺利投产，有效提高了珠海电厂两台亚临界机组调节能力，提高电厂在调频市场的竞争能力，为节能降耗和提高电网安全稳定运行也具有重要意义。

(2) 南方电网首批3个储能示范项目全部成功并网。 2022年2月，广东东莞220kV黎贝站电池储能项目成功并网启动，标志着南方电网公司新兴业务领域首批3个储能示范项目全部成功并网，其余2个示范项目为广东东莞110kV杨屋站、广东广州110kV芙蓉站电池储能项目，均已于2021年12月投运。

3个示范项目中，东莞110kV杨屋站电池储能项目在东莞110kV杨屋变电站围墙外新建，建设规模10MW/20MWh；广州110kV芙蓉站电池储能项目建设在芙蓉变电站内，建设规模5MW/10MWh；黎贝站电池储能项目在广东电网东莞220kV黎贝变电站内新建，建设规模5MW/10MWh，建设面积540m²，高度集成化是该储能电站的一大亮点和突破点。

项目可充分发挥削峰填谷作用，同时提供调频调压、应急备用等辅助服务，进一步提升变电站调峰和供电能力，有利于提升粤港澳大湾区电网的供电可靠性和供电质量。

(3) 两座百万千瓦级抽水蓄能电站投产，服务粤港澳大湾区新型电力系统建设。 2022年5月，南方电网广东梅州、阳江抽水蓄能电站（以下简称"梅蓄电站""阳蓄电站"）全面建成投产，梅蓄电站、阳蓄电站装机总容量为240万kW，总投资约150亿元，主要服务于粤港澳大湾区电网调峰。两座抽蓄电站投产后，可在夜间吸纳更多的风电、水电等清洁电能，大幅提高粤港澳大湾区新型电力系统的调节能力。梅州抽水蓄能电站和阳江抽水蓄能电站分别如图 4-6 和图 4-7 所示。

图 4-6　梅州抽水蓄能电站

图片来源：南方电网调峰调频发电有限公司

图 4-7　阳江抽水蓄能电站

图片来源：南方电网调峰调频发电有限公司

　　梅蓄电站是国家《赣闽粤原中央苏区振兴发展规划》重点项目之一，主体工程开工至电站全面投产用时仅 48 个月，创造了国内抽水蓄能电站主体工程建设最短工期纪录。其 4 号机组成功实现开关成套设备国产化，打破了国外厂商垄断的局面。阳蓄电站是国家"十三五"水电发展规划 40 万 kW 级设备自主化依托项目，电站单机容量全国最大，800m 级钢筋混凝土衬砌水道世界第一，圆满完成 40 万 kW 超高水头超大容量抽水蓄能机组设计制造自主化任务。两个项目共计有 121 家单位参与建设，拉动上下游产业链投资约 300 亿元，攻破 87 项重大关键技术。项目投产后，预计全年可优化调峰电量 34 亿 kWh，减少二氧化碳排放 280 万 t，将有力支撑构建新型电力系统，服务"碳达峰、碳中和"目标。

4.4　需求管理

需求管理方面，创新能源需求管理，打造以智慧新能源汽车为主题的能源生态体验厅、建成用户侧供电可靠性平台、完善以虚拟电厂为核心的"源网荷储"多元互动体系并投入实际运作，增强电力系统灵活性。

(1) 全国首家以智慧新能源汽车为主题的能源生态体验厅在深圳上线。 2021 年 3 月，全国首家以智慧新能源汽车为主题的能源生态体验厅在深圳上线。该厅集合了用电业务办理、智能家用电器展示、新能源汽车体验、汽车保险及充电服务等多种用电、用能业务于一体，打造"一个店面、多门生意"的商业模式。

该模式以新能源汽车为切入点与突破口，持续探索新型能源生态体验模式和生态圈合作模式，有效整合了新能源汽车公司、充电桩服务商、保险公司、电力施工单位等，共同打造集购车、保险、充电桩为一体的生态圈，并结合客户需求、行业发展、产品效益、商业模型等制定长效营销策略，形成从购车到充电的全链条贯通销售模式，是粤港澳大湾区创新能源电力需求管理的一次有效尝试。

(2) 粤港澳大湾区首个用户侧供电可靠性平台上线运行。 2021 年 5 月，用户侧供电可靠性平台在广东佛山上线运行，首次将供电可靠性分析评估工作由电网侧延伸至用户侧，实现对用户实时用电的高精度监测和用电体验的评估改善，也是粤港澳大湾区内应用用户侧供电可靠性平台的首例。

该平台基于电能量数据，依托新型智能计量装置，自动开展电压暂降监控、用电异常行为分析，并提供电能质量可靠性与用户治理方案，实现对用户用电数据的高精度监测和一体化智能分析，解决了传统电表数据上传频率低、无法捕捉电压暂降的问题。目前以电压敏感型工业用户为试点投入 30 台新型智能计量装置，有效提升供电服务质量、改善用电体验，具有良好推广价值。

（3）粤港澳大湾区首次利用网地一体虚拟电厂精准削峰。2021 年，南方电网深圳供电局、南方电网科学研究院联合研发了国内首个网地一体虚拟电厂运营管理平台，南方电网总调和深圳供电局调度机构均可直接调度，实现了可调节负荷全时段可观、可测、可调，并率先探索了新型电力系统下电力供需深度互动的可持续发展路径，该技术达到国内领先水平。虚拟电厂功能如图 4-8 所示。

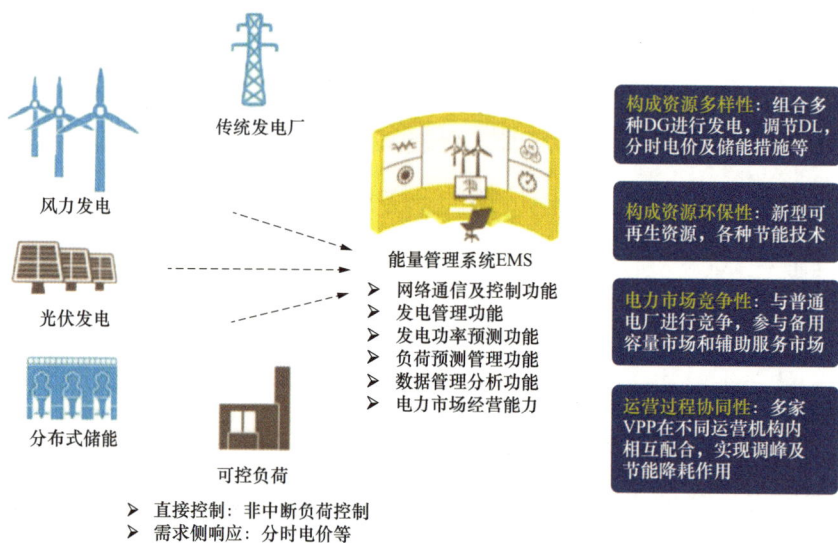

图 4-8　虚拟电厂功能

2022 年 5 月，深圳供电局向虚拟电厂平台下发 10MW 向下调节需求后，虚拟电厂平台随即将指令分解下发至不同负荷聚合商，并由这些聚合商进一步分解指令，自动降低电动汽车充电桩、建筑楼宇等用电负荷，一天内 7 家负荷聚合商在指定区域内，最大削减负荷 5.3MW，相当于 4000 户家庭的空调使用需求。这是粤港澳大湾区首次利用网地一体虚拟电厂实行精准削峰，对提升新型电力系统灵活性和电力保障能力具有重要意义。

(4) 粤港澳大湾区首个 10kV 中压"插电式服务"项目成功送电。2021年 9 月，南方电网在广州南沙首创推出临电租赁"插电式服务"，完成南沙第三代半导体创新中心产业园区芯粤能临电租赁项目并成功送电。该项目为粤港澳大湾区首个 10kV 中压"插电式服务"项目，大幅提升了项目用电接电效率，有效节约了投资成本，对提升电力营商环境具有重要意义。

"插电式服务"是在电网规划建设阶段，通过共享区域开发建设和招商引资有关信息，前置开展配套电力基础建设，市场主体只需通过"以租代买"，即可从周边变压器就近接电，打造企业"拿地就开工、开工即通电"的高质量用电体验。"插电式服务"的应用，可直接跳过临电建设的前期多个步骤，即时用上电，极大提高了区域基础配套建设能力，精准服务项目全生命周期用电需求，同时实现临电设备重复利用，可省去临时用电报装、建设、运维、拆除等流程，节约了开发成本及时间。

4.5　电力合作

电力合作方面，加大探索粤港澳三地电力科技创新合作的长效机制，举办电力企业高峰会议，推动粤澳深度合作区新型电力系统示范区建设，合力解决碳达峰、碳中和背景下新型电力系统发展的关键共性问题。

(1)《合作创新，加速推进粤港澳大湾区能源转型》倡议书发布。2021年 4 月，中国海洋石油集团联合中电集团、深圳能源、西门子能源举办能源企业领导人视频圆桌会议，共同发布了《合作创新，加速推进粤港澳大湾区能源转型》倡议书。

倡议书围绕着力构建粤港澳大湾区清洁低碳、安全高效的能源体系，加强碳达峰、碳中和战略布局提出了相关举措。中国海洋石油集团作为天然气供应商，将全力增加天然气供应，保障粤港澳大湾区供气安全，并倡议积极探索储能技术与风电业务的配套应用，探索发展氢能，推动粤港澳大湾区能源清洁化转型。

（2）南方电网公司首个港澳台"战略性科技创新合作"项目启动。2021年8月，由南网科研院牵头承担的国家重点研发计划"战略性科技创新合作"重点项目——"联邦学习框架下基于小样本学习的典型电网设备小弱缺陷识别关键技术研究"正式启动。该项目是南方电网公司首个由内地、香港科研机构联合承担的港澳台"战略性科技创新合作"重点项目。

该项目聚焦"智能输变电"与"人工智能"交叉学科领域，研发集成高分辨率神经网络、小样本学习算法的典型电网设备小弱缺陷识别系统，研制设备缺陷智能识别边缘端样机，并在粤港澳大湾区电网实现设备智能运维的示范应用，主要解决当前设备智能运维中存在的图像数据背景复杂、影响因素多；缺陷在图像中占比小、对比度低、常规方法难以识别；缺陷样本匮乏；模型通用性差；中心化数据处理效率低；缺少边缘端处理能力；现场缺陷检测实时性差等技术难题。

该项目将通过内地和香港科技机构深化合作，进一步提升电网智能状态评估技术和智慧缺陷识别技术的成熟度，打造粤港澳大湾区创新协同发展的先进示范样本。

（3）第十届粤港澳电力企业高峰会举行。2021年9月，第十届粤港澳电力企业高峰会在广州举行。本届高峰会以"数字电力服务'双碳'目标赋能湾区绿色发展"为主题，由南方电网公司主办，以线上线下相结合的方式举行，与会各方围绕进一步深化粤港澳大湾区电力合作进行了探讨交流。峰会宣布成立粤港澳电力"规划对接工作组"和"网络安全与数字化转型工作组"，进一步深化务实合作。南方电网公司、中电控股有限公司、澳门电力股份有限公司和中国广核集团有限公司围绕创新及数字化转型作专题案例分享。

(4) 南网国际公司与澳门电力公司开展海上风电项目调研。为进一步坚持融入和服务粤港澳大湾区建设，积极推动粤澳电力合作，2021 年 9 月，南网国际公司、广东电网公司与澳门电力股份有限公司到珠海市桂山岛、东澳岛等地开展海上风电、智能微网项目调研，了解南方电网海上风电、智能微网项目的建设运营情况和珠江口海岛发展电力需求以及珠江口区域的海上风电项目规划发展情况，探讨了粤港澳大湾区清洁能源电力项目建设合作机会。

(5) 粤澳深度合作区将建新型电力系统示范区。2021 年 9 月 5 日，中共中央、国务院印发《横琴粤澳深度合作区建设总体方案》，为粤澳一体化开发横琴注入重要动力。电力作为重要能源基础，对于合作区经济社会发展具有强大的支撑作用。2021 年 12 月，横琴粤澳深度合作区执委会和广东电网公司在横琴签订"十四五"战略合作协议。双方就建立更加紧密、稳定的全面战略合作关系达成共识，加快构建以新能源为主体的新型电力系统，为合作区经济社会发展提供一流的电力保障和供电服务。

参 考 文 献

［1］广州市统计局．广州市统计年鉴：2000—2021［EB/OL］．http：//tjj. gz. gov. cn/.

［2］深圳市统计局．深圳市统计年鉴：2000—2021［EB/OL］．http：//tjj. sz. gov. cn/.

［3］佛山市统计局．佛山市统计年鉴：2000—2021［EB/OL］．http：//www. foshan. gov. cn/fstjj/gkmlpt/index/.

［4］东莞市统计局．东莞市统计年鉴：2000—2021［EB/OL］．http：//tjj. dg. gov. cn/.

［5］珠海市统计局．珠海市统计年鉴：2000—2021［EB/OL］．http：//tjj. zhuhai. gov. cn/.

［6］中山市统计局．中山市统计年鉴：2000—2021［EB/OL］．http：//stats. zs. gov. cn/.

［7］惠州市统计局．惠州市统计年鉴：2000—2021［EB/OL］．http：//www. huizhou. gov. cn/bmpd/hzstjj/.

［8］江门市统计局．江门市统计年鉴：2000—2021［EB/OL］．http：//www. jiangmen. gov. cn/bmpd/jmstjj/.

［9］肇庆市统计局．肇庆市统计年鉴：2000—2021［EB/OL］．http：//www. zhaoqing. gov. cn/xxgk/tjxx/tjnj/.

［10］香港特别行政区政府统计处．香港统计年刊：2000—2021［EB/OL］．https：//www. censtatd. gov. hk/sc/.

［11］澳门特别行政区统计暨普查局．澳门资料：2000—2021［EB/OL］．https：//www. dsec. gov. mo/zh‐CN/.

［12］广州市统计局．2021年广州市国民经济和社会发展统计公报［EB/OL］．http：//tjj. gz. gov. cn/.

［13］深圳市统计局．2021年深圳市国民经济和社会发展统计公报［EB/OL］．http：//tjj. sz. gov. cn/.

［14］佛山市统计局．2021年佛山市国民经济和社会发展统计公报［EB/OL］．http：//www. foshan. gov. cn/fstjj/gkmlpt/index/.

［15］东莞市统计局．2021年东莞市国民经济和社会发展统计公报［EB/OL］．http：//tjj. dg. gov. cn/.

［16］珠海市统计局．2021年珠海市国民经济和社会发展统计公报［EB/OL］．http：//

tjj. zhuhai. gov. cn/.

［17］中山市统计局 .2021 年中山市国民经济和社会发展统计公报〔EB/OL〕. http：//
stats. zs. gov. cn/.

［18］惠州市统计局 .2021 年惠州市国民经济和社会发展统计公报〔EB/OL〕. http：//
www. huizhou. gov. cn/bmpd/hzstjj/.

［19］江门市统计局 .2021 年江门市国民经济和社会发展统计公报〔EB/OL〕. http：//
www. jiangmen. gov. cn/bmpd/jmstjj/.

［20］肇庆市统计局 .2021 年肇庆市国民经济和社会发展统计公报〔EB/OL〕. http：//
www. zhaoqing. gov. cn/xxgk/tjxx/tjnj/.

［21］广东电力交易中心 . 广东电力市场 2021 年年度报告〔EB/OL〕. 微信公众号：广东电力交易
中心 .

［22］澳门电力股份有限公司 .2021 澳电年报〔EB/OL〕. https：//www. cem‐macau. com.

［23］澳门电力股份有限公司 .2021 澳电可持续发展报告〔EB/OL〕. https：//www. cem‐
macau. com.

［24］香港电灯股份有限公司 . 港灯企业资讯 2021〔EB/OL〕. https：//www. hkelectric. com.

［25］香港电灯股份有限公司 . 港灯 2021 年可持续报告〔EB/OL〕. https：//www. hkelectric. com.

［26］香港中电集团 . 中电 2021 可持续发展回顾〔EB/OL〕. https：//www. clpgroup. com.

［27］香港中电集团 . 中电 2021 年报〔EB/OL〕. https：//www. clpgroup. com.

［28］南方电网公司 .2021 企业社会责任报告〔EB/OL〕. https：//www. csg. cn.

［29］广东电网公司 .2021 社会责任实践报告〔EB/OL〕. https：//www. gd. csg. cn.

［30］广州供电局 .2021 社会责任实践报告〔EB/OL〕. https：//www. guangzhou. csg. cn.

［31］国家能源局，中国电力企业联合会 .2021 年全国电力可靠性年度报告〔EB/＿OL〕.
https：//www. cec. org. cn.